Guide Microapp

De Microsoft® Windows XP à Windows Vista™

Micro Application

Copyright © 2006 Micro Application
20-22, rue des Petits-Hôtels
75010 Paris

1ère Édition - Octobre 2006

Auteur Olivier ABOU

ISBN : 2-7429-6867-9

MICRO APPLICATION
20-22, rue des Petits-Hôtels
75010 PARIS
Tél : 01 53 34 20 20 - Fax : 01 53 34 20 00
http://www.microapp.com

Support technique :
Fax : 01 53 34 20 00
également disponible sur le site
www.microapp.com

Retrouvez des informations sur cet ouvrage !

Rendez-vous sur le site Internet de Micro Application **www.microapp.com**. Dans le module de recherche, sur la page d'accueil du site, entrez la référence à 4 chiffres indiquée sur le présent livre. Vous accédez directement à sa fiche produit.

Avant-propos

Tout en couleur, la collection GUIDE MICROAPP vous accompagne dans votre découverte d'un logiciel ou d'une technologie informatique. Grâce à une approche résolument pratique, centrée autour de nombreux exemples pas à pas, elle vous permet de réussir vos premières prises en main et de réaliser des opérations concrètes, rapidement et facilement, sans connaissance préalable du sujet traité.

Les ouvrages de la collection sont basés sur une structure identique :

- Des étapes numérotées, associées à des captures d'écran, vous permettent de suivre et de reproduire pas à pas l'exemple étudié.
- Des informations complémentaires au sujet traité vous sont délivrées. Présentées sous forme d'encadrés, elles sont repérables par l'icône ▶.
- Des définitions vous permettent de comprendre les termes et abréviations relatifs au logiciel ou à la technologie étudiée. Présentées sous forme d'encadrés, elles sont identifiables par l'icône ■.

Complète, la collection GUIDE MICROAPP vous délivre des outils innovants pour rendre l'apprentissage encore plus enrichissant et convivial :

Le coin des passionnés, pour tous ceux qui souhaitent approfondir leurs connaissances et aller plus loin dans leur utilisation du logiciel ou de la technologie étudiée.

Les Fiches pratiques, pour maîtriser en quelques clics une application précise.

Afin de faciliter la compréhension des techniques décrites, nous avons adopté les conventions typographiques suivantes :

- **Gras** : menu, commande, onglet, bouton
- *Italique* : rubrique, zone de texte, liste déroulante, case à cocher
- www.microapp.com : adresse Internet
- **Hotmail** : renvoi vers un encadré définition
- ✂ : indique, dans les programmes, un retour à la ligne involontaire dû aux contraintes de la mise en page

Sommaire

Introduction

Chapitre 1

Windows Vista : les nouveautés

Chapitre 2

Évaluer votre configuration

Chapitre 3

Préparer la migration

Chapitre 4

Installer Windows Vista

Chapitre 5

Le coin des passionnés

Déployer Windows Vista

Fiches pratiques

Introduction

Microsoft renouvelle régulièrement les versions de son système d'exploitation. L'occasion, pour la plupart des utilisateurs – particuliers, professionnels et administrateurs de parcs informatiques – de s'arracher les cheveux lors de la migration de l'ancien système vers le nouveau.

Aussi, pour rendre cette opération la plus indolore possible et éviter la perte de toute information existante, il convient de procéder par étapes et de suivre à la lettre certaines recommandations et procédures.

Avant de démarrer la migration de Windows XP vers Windows Vista, il peut être intéressant de présenter toutes les éditions disponibles du nouveau système vers lequel vous allez migrer. Cela vous aidera à faire le bon choix. Vous éviterez ainsi de vous tromper en migrant vers un nouveau système qui ne conviendrait pas à vos besoins.

La nouvelle gamme

La version précédente de Windows, Windows XP, se déclinait déjà selon cinq versions différentes qui correspondaient aux caractéristiques techniques de l'ordinateur sur lequel elles devaient s'installer. Par exemple, la version Windows XP Professionnel Édition Tablet PC s'adressait aux ordinateurs de type Tablet PC et intégrait des fonctions spécifiques pour la reconnaissance d'écriture. La version Windows XP Professionnel Édition x64 était conçue pour fonctionner avec des processeurs haut de gamme de type 64 bits et la version Windows XP Édition Media Center permettait d'exploiter la totalité des applications numériques de divertissement multimédia pour la maison.

Les versions de Windows Vista ont été établies dans une optique différente. Elles ne reposent plus sur les spécificités de l'équipement des ordinateurs mais sont conçues pour un type particulier d'usage. De cette façon, une seule version de Vista peut être exploitée avec différentes technologies : multimédia, ordinateur mobile avec reconnaissance d'écriture, processeur 64 bits, etc.

Comme vous allez le voir, il existe cinq versions de Windows Vista dédiées non plus à un matériel spécifique mais à un public particulier.

Windows Vista *Home Basic*

Destiné aux utilisateurs grand public, cette version de base intègre toute la technologie Vista pour assurer la fiabilité et la sécurité de votre environnement de travail à travers une interface conviviale. Ce système s'avère parfaitement adapté aux besoins de base tels que le surf sur Internet, le traitement de texte, la gestion de photos numériques, etc.

Le système intègre tous les outils nécessaires pour vous protéger lorsque vous naviguez sur Internet ou lorsque vous vous connectez à un réseau sans fil. De plus, un ensemble de fonctions a été conçu pour mettre en place un contrôle parental efficace afin de gérer et surveiller les accès en ligne de toute votre famille.

Un dispositif de détection vous permet également d'être alerté lorsqu'une panne matérielle peut se produire, ce qui limite considérablement les risques de perte des données.

Cette version de base comprend les principales fonctions pour gérer efficacement vos données : recherche, transfert de fichiers, configuration de votre environnement, connexion de tous types de périphérique grand public, etc. Bref, Windows Vista Home Basic conviendra parfaitement à tous les utilisateurs qui ont des besoins informatiques classiques et non professionnels.

Windows Vista *Home Premium*

Davantage orientée vers les particuliers, cette version intègre tous les outils dont vous aurez besoin pour exploiter des applications de loisirs et de divertissement. Son interface repose sur le système Windows Aero, ce qui permet de simplifier la prise en main de votre environnement de travail et d'optimiser l'organisation de vos tâches à travers un affichage 3D de tous vos documents. De plus, les fonctions de recherche s'avèrent particulièrement adaptées pour trouver et gérer vos documents multimédias : musique, films, photos, etc.

L'autre point fort de ce système, même s'il ne s'adresse pas aux professionnels, concerne la mobilité. Lors de vos déplacements, vous bénéficiez de la technologie Tablet PC qui vous permet d'exploiter dans les meilleures conditions un ordinateur compatible Tablet PC sans vous encombrer d'un clavier si vous disposez d'un stylet ou d'un écran tactile qui permet d'interagir avec vos applications d'une simple pression sur l'écran. Le système Windows Vista Premium permet également de consulter vos principales données avec un écran Windows SideShow lorsque votre ordinateur est éteint.

Toujours dans le domaine de la mobilité, la version Home Premium intègre toutes les fonctions nécessaires pour vous connecter en toute sécurité à des bornes Wi-Fi et partager vos fichiers avec d'autres ordinateurs.

Concernant les divertissements, votre système comprend par défaut de nombreuses applications pour créer des DVD, gérer et partager des photos, regarder et enregistrer des émissions de télévision, accéder à des ressources multimédias sur Internet, etc. Il intègre en outre toutes les fonctions de l'ancien système Windows Media Center qui transforme un ordinateur en une véritable plateforme multimédia. Vous pouvez y connecter en toute simplicité, si vous le souhaitez, la Xbox 360 de Microsoft.

Windows Vista *Ultimate*

La version Ultimate correspond à la version la plus complète de Windows Vista. En ce sens, elle conviendra parfaitement à tous les utilisateurs qui ont besoin d'un système conçu pour leurs loisirs, leurs déplacements et leur travail.

Concrètement, vous disposez de toutes les fonctions nécessaires pour vous connecter au réseau de votre travail à partir de votre domicile. En d'autres termes, vous pouvez vous relier à un domaine spécifique, prendre en charge la console de gestion des stratégies de groupe, prendre le contrôle d'un Bureau à distance, etc. Vous disposez en outre d'une fonction de cryptage des données (BitLocker) pour protéger le contenu d'un lecteur disque d'un vol de vos informations ou des regards indiscrets.

Les outils dédiés au divertissement n'ont pas été oubliés. Vous bénéficiez en fait de tous ceux qui sont disponibles dans Windows Vista Home Premium pour manipuler les photos numériques (Galerie de photos Windows), la musique (Lecteur Windows Media), les films (Windows Movie Maker) et regarder la télévision en mode Analogique ou Numérique. En fait, tous les outils de l'ancienne version Windows Edition Media Center ont été intégrés à Windows Vista Ultimate pour la gestion et l'édition de tous vos contenus multimédias.

Windows Vista Ultimate s'adresse aussi bien au particulier qu'au professionnel. Il conviendra parfaitement au gérant ou employé d'une PME qui souhaite avoir un seul ordinateur utilisable au bureau ou à la maison, voire en déplacement. Il est idéal également pour équiper un PC à la maison qui servira, entre autres, à se connecter sur le réseau d'une entreprise.

Windows Vista *Business*

Windows Vista Business conviendra aux petites et moyennes entreprises, voire aux grands groupes qui n'ont pas besoin de déployer leur système dans des bureaux installés à l'étranger.

Pour les entreprises, grandes ou petites, l'avantage de cette édition consiste à exploiter leur outil informatique dans un environnement extrêmement sécurisé et qui n'exigera pas de support important compte tenu de la simplicité de prise en main de leur système. Vous pourrez, de plus, gérer et partager vos informations à n'importe quel endroit, dans vos locaux professionnels ou en déplacement. Le système intègre une aide spécifique, le guide Small Business Resources, qui décrit les tâches courantes et les procédures de dépannage pour un public non initié aux subtilités techniques de l'informatique.

La navigation sur Internet s'effectue désormais à travers une protection contre les logiciels malveillants (*malware*). Vous disposez d'une aide logicielle pour vous connecter plus facilement sur le réseau de votre entreprise ou ceux de vos clients et partenaires. La sécurité de vos connexions, notamment lorsque vous communiquez des informations à partir d'une borne Wi-Fi ou d'une liaison effectuée via un téléphone portable, a été améliorée pour assurer la confidentialité de vos données. En outre, même en l'absence de réseau, tout a été prévu pour partager des documents et travailler en groupe avec d'autres utilisateurs.

La sécurité de vos données est également assurée, d'une part par un dispositif d'alerte capable de vous prévenir lorsqu'un composant de votre ordinateur fonctionne mal et peut tomber en panne, et d'autre part par de nouveaux outils de sauvegarde.

Si vous envisagez d'installer Windows Vista Business dans une grande entreprise, sachez que ce système a été conçu pour être plus simple à déployer et à gérer dans des parcs informatiques importants. De fait, une image unique de votre système d'exploitation permet de multiples installations. Ce type d'image s'avère indépendante de votre matériel, ce qui diminue considérablement le nombre d'images à gérer et accélère d'autant plus la procédure d'installation des nouveaux ordinateurs ou de leur mise à jour.

Dans le cadre d'une administration sécurisée de votre parc informatique, le système peut être paramétré pour créer des comptes de type utilisateur standard ; ainsi les employés de votre entreprise ne se connecteront pas à leur machine avec des droits d'administrateur. Ces comptes sont conçus pour ne créer aucun dysfonctionnement au niveau de la compatibilité des programmes et des limites d'utilisation par rapport aux droits dont disposaient vos utilisateurs avec les versions antérieures de Windows. Cette fonction permet de réduire les risques de contamination virale des ordinateurs.

À l'instar des autres version de Vista, vous disposez de la nouvelle interface utilisateur (Windows Aero) qui facilite, entre autres, l'accès à l'information à partir de votre ordinateur. Vous disposez d'une vue 3D remise à jour en temps réel de vos documents ouverts et des applications en cours d'exécution. Dès lors, vous pouvez exploiter dans les meilleures conditions les fonctionnalités multitâches de votre système. Et la recherche n'a pas été oubliée puisque Windows Vista Business a été conçu pour manipuler des volumes importants de documents et ses fonctions vous permettront de les retrouver aisément.

Dans le cadre de vos déplacements, cette version de Windows intègre la technologie Tablet PC pour fonctionner sans difficulté avec des ordinateurs mobiles équipés d'un stylet ou d'un écran tactile et dépourvus de clavier. De plus, la reconnaissance de l'écriture a été améliorée et vous pouvez adopter des méthodes simples et rapides pour consulter vos documents et exécuter vos applications. Enfin, si votre ordinateur est équipé d'un écran Windows SideShow, vous pourrez accéder à vos informations même lorsque votre machine est éteinte.

Windows Vista *Enterprise*

Cette édition s'adresse principalement aux grandes entreprises qui utilisent une infrastructure informatique complexe. Elle permet de diminuer les coûts de la société pour son équipement et offre un dispositif évolué pour la protection des données et la sécurité.

Concrètement, ce système intègre toutes les fonctions de Windows Vista Business en proposant des fonctions plus évoluées pour sécuriser vos fichiers à travers une technologie de cryptage matériel. La résolution des problèmes de compatibilité des applications n'a pas été oubliée en permettant aux entreprises d'effectuer un déploiement de leur système à partir d'une seule image. Toutefois, ce système est disponible uniquement pour les sociétés qui ont souscrit un abonnement de maintenance Software Assurance ou Accord Entreprise Microsoft.

La protection des données, qui constitue l'élément central de ce système, repose sur la technologie BitLocker qui consiste à crypter tous les fichiers contenus dans vos lecteurs. Ce dispositif s'avère efficace même en cas de vol de votre ordinateur. Elle s'établit à partir d'un système matériel, ce qui renforce son efficacité.

Pour améliorer la compatibilité de vos applications avec toutes les autres versions précédentes des systèmes Microsoft et les systèmes de type UNIX, Windows Vista Business intègre plusieurs outils spécialisés, notamment Virtual PC Express. Cette fonction permet d'exécuter une application non compatible avec Windows Vista à partir de l'ancien environnement sur lequel elle fonctionnait avant la migration de votre système. La technique consiste à créer un environnement virtuel qui se superpose à Windows Vista Enterprise, ce qui s'avère particulièrement utile si vous rencontrez des difficultés pour exécuter certains programmes après la migration.

Windows Vista Business intègre en outre un sous-système intitulé SUA (*Subsystem for UNIX-based Applications*) conçu pour exploiter des applications développées à l'origine pour les systèmes UNIX. Cela permet de faire l'économie d'une station de travail UNIX afin d'exécuter ce type d'application puisque, dans ces conditions, vous avez désormais la possibilité de réunir sur un seul ordinateur deux environnements de travail totalement distincts.

Windows Vista Business s'adaptera parfaitement aux environnements internationaux puisqu'il intègre un support multilingue. En d'autres termes, vous disposez d'une interface spécifique pour gérer la langue dans laquelle s'affiche toute l'interface du système : menu **Démarrer**, boîtes de dialogue Windows, commandes, etc. Toutes les langues dans lesquelles se décline Windows sont disponibles dans cette édition du système, ce qui constitue un avantage considérable pour les entreprises qui peuvent ainsi créer une seule image de déploiement pour toutes ces agences dans le monde.

Chapitre 1

Windows Vista : les nouveautés

Windows Vista ne constitue pas une modification mineure de Windows XP, les changements sont profonds et les innovations bien réelles. Elles ont en outre une importance toute particulière que vous devez connaître et prendre en considération avant de déployer ce nouveau système sur votre machine ou votre parc informatique.

Les nouveautés

Windows Vista ne crée pas une rupture complète par rapport à la précédente version mais un prolongement logique vers plus de convivialité, une gestion plus intuitive des données numériques, une prise en charge plus performante des formats multimédias et une meilleure intégration de certaines applications, notamment celles dédiées au cinéma (vidéo), à la musique et à la télévision.

Concrètement, de nombreuses nouvelles fonctionnalités sont disponibles et vous allez pouvoir les exploiter dès que vous aurez terminé votre migration.

Utilisation *quotidienne*

Les commandes basiques de Windows Vista vont vous permettre de gérer et de trouver plus efficacement vos informations. Un effort particulier a été fait sur l'apparence visuelle, ce qui vous permet d'identifier plus rapidement le contenu d'un fichier sans être obligé de l'ouvrir.

De plus, le menu **Démarrer**, que vous connaissez déjà avec Windows XP, a été totalement réorganisé pour devenir encore plus ergonomique et fonctionnel. Par exemple, un nouvel outil a été intégré à ce menu : Quick Search (**Rechercher**). Il vous permet de trouver instantanément les données qui vous intéressent ou les applications dont vous avez besoin. Le menu **Tous les programmes**, quant à lui, a été revu en profondeur et remplace avantageusement l'ancien, en terme d'efficacité, pour accéder plus rapidement à vos applications.

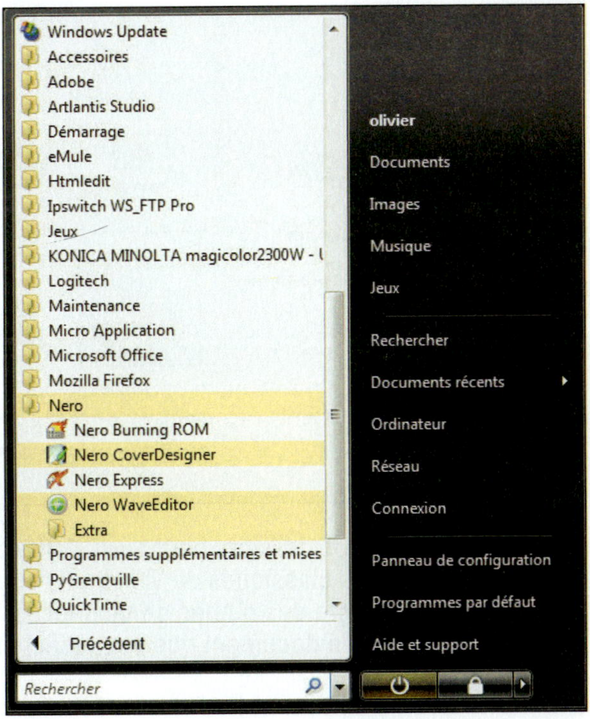

Élément clé de Windows Vista : les Explorateurs permettent d'accéder et de manipuler tous les fichiers enregistrés sur votre ordinateur. Ils représentent une évolution considérable de l'ancien Explorateur Windows en intégrant de nombreuses informations et plusieurs commandes supplémentaires. Ils sont désormais exploités à tous moments, lorsque vous souhaitez par exemple écouter de la musique ou accéder aux commandes du Panneau de configuration.

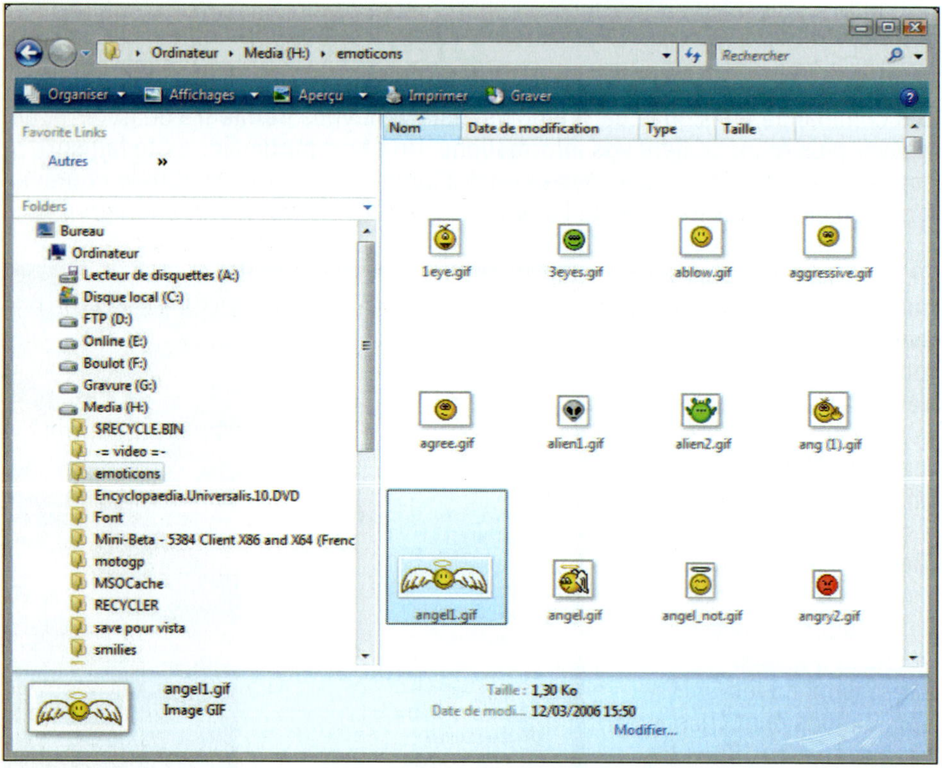

La navigation dans vos dossiers peut ainsi s'effectuer de façon virtuelle ou à partir des répertoires classiques de Windows. Vous disposez d'une barre de commandes qui intègre des tâches contextuelles, c'est-à-dire qui s'appliquent en fonction du type de document que vous affichez.

Les Explorateurs proposent également la fonction de recherche disponible dans le menu **Démarrer** et contiennent un volet de visualisation conçu pour faire apparaître les métadonnées des fichiers que vous sélectionnez (taille d'une image, auteur d'un document de traitement de texte, durée d'écoute d'un fichier son, etc.).

Toujours à propos des Explorateurs de Windows Vista, vos fichiers sont représentés à présent sous forme d'icônes live, cela signifie que ces dernières peuvent reprendre le contenu de vos documents, leur première page plus exactement ou la miniature d'une image, sous forme d'icône, ce qui permet d'identifier plus rapidement le contenu de vos fichiers.

Autre nouveauté : le système Windows Aero. Celui-ci est exploitable lorsque votre ordinateur dispose d'une configuration matérielle suffisamment puissante pour qu'il soit exécuté correctement. Concrètement, Windows Vista Aero correspond à un environnement visuel évolué qui, outre ses qualités esthétiques, offre de nombreux avantages telles que la réactivité ou une meilleure prise en main du système. Avec Windows Aero, votre environnement de travail devient encore plus convivial et plus agréable à exploiter.

Machines peu puissantes

Si votre machine ne dispose pas de la configuration nécessaire pour exécuter correctement la nouvelle interface visuelle de Windows Vista, le dispositif Aero ne sera pas activé. Toutefois, vous pourrez bénéficier d'une interface Windows Vista basique qui reprendra toutes les nouveautés du système à travers un dispositif d'affichage plus léger.

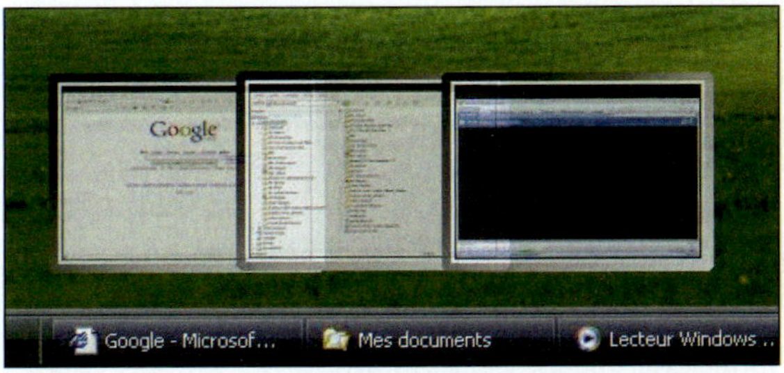

Toujours dans l'esprit d'accéder plus rapidement à l'information, un dispositif d'affichage de miniatures a été mis en place à partir de la Barre des tâches de Windows. Il suffit de placer le pointeur de la souris sur un bouton qui correspond à une de vos applications ouvertes pour que s'affiche immédiatement la miniature qui lui est associée. Elle vous permet de connaître rapidement le contenu de la fenêtre correspondante. Ces miniatures peuvent être disposées à n'importe quel endroit de votre Bureau.

Enfin, le raccourci clavier Alt+Tab a été conservé pour faire défiler vos fenêtres ouvertes et sélectionner celle qui vous intéresse. Elles peuvent désormais apparaître sous forme de miniatures, et pas uniquement sous forme d'icônes comme dans les versions précédentes de Windows. De plus, vous disposez d'une nouvelle commande, toujours dédiée au défilement des fenêtres ouvertes, qui permet un affichage en mode 3D.

Pour passer d'une fenêtre à l'autre, la molette de la souris vous permettra de naviguer à travers toutes vos applications et documents afin de sélectionner celui que vous voulez utiliser.

Sécurité

Le développement des accès Internet a considérablement fragilisé la sécurité des systèmes et leur protection est devenue un point essentiel qui n'a, bien entendu, pas été négligé dans Windows Vista. En effet, la sécurisation du nouveau système s'applique dans plusieurs domaines : une protection permanente lorsque vous êtes connecté à Internet, un barrage contre les virus et tout autre programme hostile, une assistance de tous les instants pour vous conseiller dans l'amélioration de la sécurité de votre environnement de travail et un contrôle continu du système pour vous prévenir des dangers.

Un nouvel ensemble de fonctions a été intégré à Windows Vista pour mieux définir les permissions associées aux comptes utilisateur : le Contrôle de compte d'utilisateur (UAC). Ce dispositif vous permet de trouver le meilleur compromis entre la souplesse d'un compte administrateur et la sécurité du compte utilisateur de base. Ainsi, certaines activités telles que la navigation sur Internet, l'exécution de programmes connus ou la transmission de messages par email n'exigent aucune permission particulière. À l'inverse, toutes les tâches administratives telles que l'installation d'un logiciel sont soumises à confirmation avant d'être permises. Concrètement, le recours aux droits d'administration devient ainsi très limité, ce qui réduit de façon non négligeable les risques d'attaque de votre système par des virus ou tout autre programme hostile.

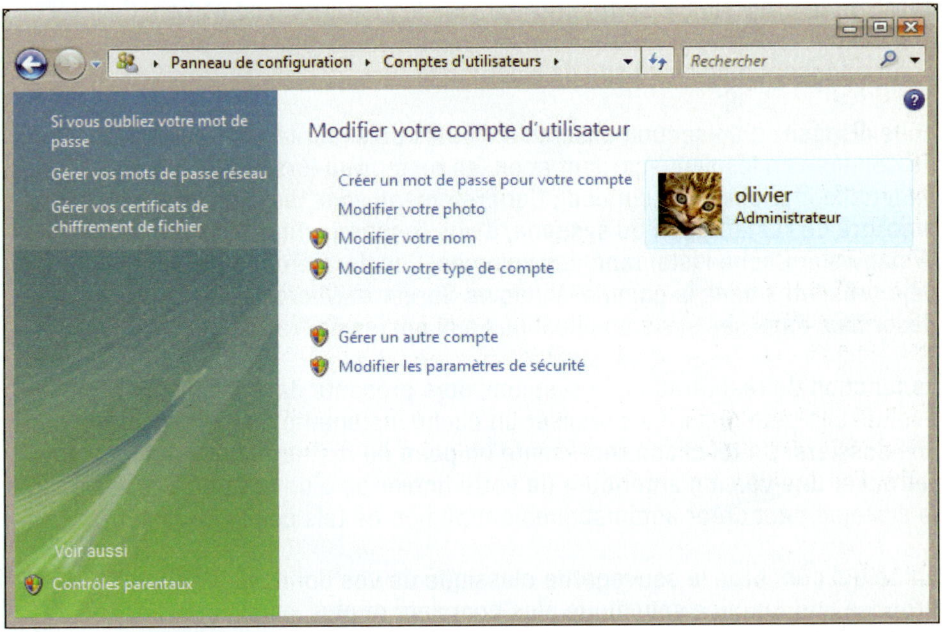

Installation de nouveaux programmes

Bien entendu, rien ne vous interdit de définir des règles plus strictes pour l'installation de nouveaux programmes sur votre système. Par exemple, lorsqu'un compte utilisateur standard tente de démarrer une procédure d'installation, le système peut lui demander un mot de passe administrateur pour continuer l'opération. Dans ces conditions, toute nouvelle installation nécessite votre autorisation.

Les fonctions de sécurité de Windows Vista ont pour objectif principal de bloquer l'installation ou l'exécution des programmes hostiles (virus) ou malveillants (affichage de publicité intempestif). Elles sont également capables de rechercher et éliminer ceux qui sont déjà installés sur votre système. Vous disposez des outils suivants pour protéger votre environnement de travail :

- Le Centre de sécurité, capable d'effectuer des mises à jour automatique de la sécurité votre système.
- Le nouveau pare-feu intégré de Windows Vista.
- Windows Defender, un dispositif permettant de se protéger des logiciels de type espion sur Internet.
- MSRT, le programme de suppression des logiciels de type espion. Celui-ci n'est pas intégré par défaut dans le système mais peut être téléchargé gratuitement à partir du site de Microsoft.

Vous disposez d'un second ensemble d'outils de sécurité pour éviter les pertes de données en les sauvegardant et en les restaurant lorsqu'une panne matérielle, par exemple, survient. Concrètement, vous disposez d'un module amélioré de restauration du système, d'une fonction intitulée Sauvegarde Windows et Cliché instantané des volumes. Ces dernières fonctions étaient déjà présentes dans la gamme Windows Server et Microsoft les a intégrées désormais dans ses systèmes destinés aux postes de travail.

La fonction de restauration du système, déjà présente dans Windows XP, a évolué. Elle peut désormais réaliser un cliché instantané des fichiers et de tous vos dossiers. Un tel cliché représente un point de restauration spécifique pour retrouver une version antérieure de votre fichier ou d'un dossier. Bien entendu, le système peut créer automatiquement ou non de tels points de restauration.

En ce qui concerne la sauvegarde classique de vos données, Windows Vista propose une fonction spécifique plus complète et plus simple à exploiter que celle qui avait été intégrée dans Windows XP. Par exemple, vous disposez d'un nombre plus important de solutions de stockage pour la sauvegarde de vos données : CD-R(W), DVD-R(W), disque externe USB ou IEEE 1394, disque dur interne, sauvegarde en réseau sur une autre ordinateur, etc. Un Assistant permet également de planifier et d'automatiser vos sauvegardes.

Vous apprécierez en outre la nouvelle fonction de Cliché instantané des volumes. Elle permet de récupérer rapidement la version antérieure d'un fichier que vous avez supprimé ou modifié accidentellement. Cette fonction permet de créer automatiquement des copies à fréquence régulière de vos fichiers lorsque vous travaillez dessus.

Enfin, Windows Vista propose de nombreuses fonctions pour identifier et résoudre les dysfonctionnements système par vous-même. Et quand le problème s'avère trop complexe, le système vous met directement en relation avec un dispositif de support centralisé. Il existe un service d'assistance spécifique pour les entreprises qui s'effectue à distance par Internet.

Gestion des fichiers

De nouvelles commandes ont fait leur apparition dans Windows Vista pour la recherche et l'organisation de vos données. Par exemple, la fonction de recherche rapide (Quick Search) permet de ne plus à avoir à se soucier de l'emplacement de vos fichiers. Si vous recherchez un document de traitement de texte, il suffit de vous rappeler d'un terme qu'il contient et de le saisir dans la zone de texte dédiée à la recherche dans le menu **Démarrer**.

Cette procédure fonctionne également avec les fichiers audio (en inscrivant, entre autres, le nom d'un artiste) ou en utilisant la date de vos photos, voire les propriétés de vos documents.

Pour améliorer l'efficacité de cette fonction, vous avez la possibilité d'associer des mots-clés de votre choix à tous vos documents que vous pourrez ensuite utiliser dans vos recherches. Par exemple, à l'occasion d'un mariage, vous pouvez associer le terme *mariage* à toutes les photos que vous avez prises pendant cet événement.

Les dossiers de recherche constituent également une innovation importante intégrée à Windows Vista pour faciliter la gestion de vos fichiers. De fait, vous pouvez enregistrer le résultat de vos recherches sous la forme d'un dossier. Lorsque vous ouvrez un tel dossier, le résultat est immédiatement mis à jour avec les nouveaux documents qui correspondent à votre requête.

Réseau et Internet

La toute dernière version d'Internet Explorer, IE 7, a été intégrée à toutes les éditions de Windows Vista. Le programme offre de nouvelles fonctions de

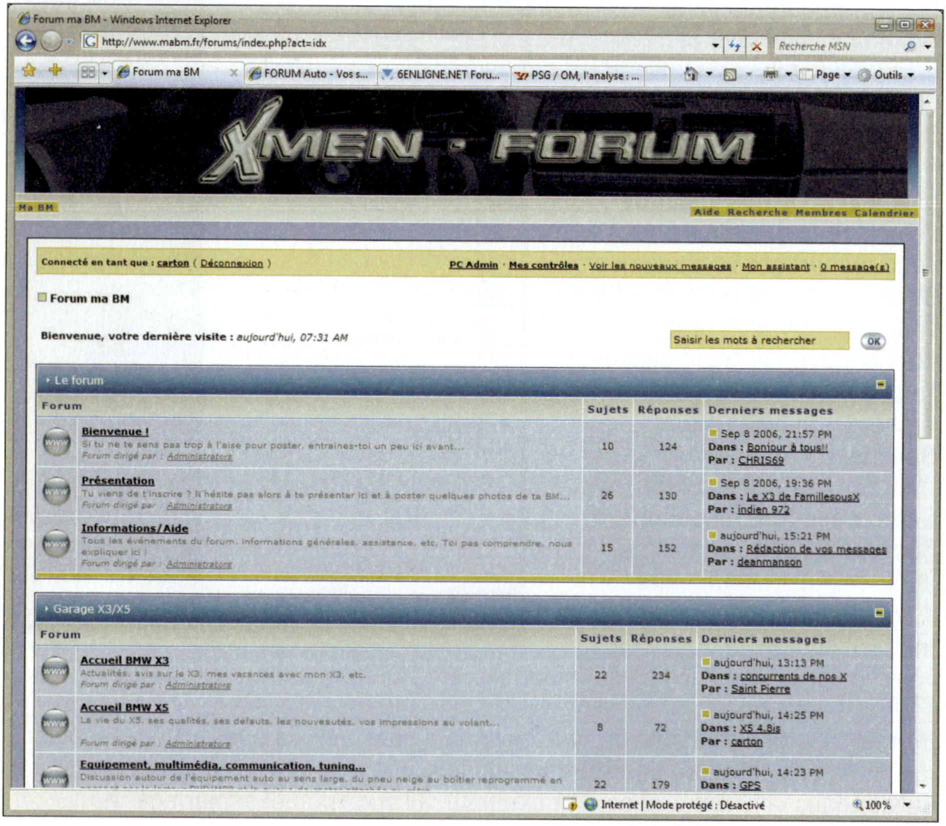

sécurité et de confidentialité, et il propose une nouvelle façon de naviguer avec un système d'onglets, une recherche en ligne et un module d'impression évolué.

Internet Explorer 7 dispose en outre d'outils pour accéder plus rapidement à l'information. Par exemple, il prend en charge directement les flux RSS (*Really Simple Syndication*) pour recevoir vos informations sans devoir les rechercher en vous connectant sur des sites. En adoptant les abonnements RSS, vous recevez automatiquement des listes de titres d'actualité diffusées à partir de sites web. Internet Explorer 7 est capable de rechercher ces listes, de les afficher et de vous y abonner. Lorsque vous êtes abonné à ce type d'information, le navigateur regroupe dans son interface, sous une liste unique, les titres de chaque site.

Le mode Protégé de Windows Vista permet en outre de donner à Internet Explorer 7 des droits suffisants pour la navigation sur le Web, mais il bloquera toute tentative de modification de vos fichiers ou de votre configuration. En d'autres termes, les sites que vous visiterez ne disposeront jamais des droits nécessaires pour installer un programme, copier des fichiers ou modifier l'adresse de votre page de démarrage ou celle du moteur de recherche que vous utilisez par défaut.

Toujours dans le domaine de la navigation sur Internet, Windows Update permet désormais d'effectuer plus facilement vos mises à jour. Par exemple, l'interface de ce service restera la même dans toutes les situations, en effectuant une mise à jour à partir de votre système ou à partir d'une solution logicielle Windows. Dans tous les cas, vous apprécierez la souplesse du service puisqu'il sera désormais possible de programmer la mise à jour à l'heure de votre choix ou de l'exécuter en tâche de fond. Le redémarrage du système, dans le cadre d'une mise à jour planifiée et s'il s'avère nécessaire, peut également être reporté en attendant la fin d'une tâche en cours d'exécution. Enfin, si un fichier ouvert doit être mis à jour, le système enregistre votre travail en cours, quitte l'application concernée pour mettre à jour le fichier correspondant, et ouvre ensuite le document comme vous l'aviez laissé auparavant.

En ce qui concerne la gestion de vos réseaux, avec ou sans fil, leur configuration devient plus simple et leur utilisation mieux sécurisée. Vous disposez d'un module central, appelé Centre réseau (Network Center) pour prendre les commandes, gérer et vérifier tous les paramètres de vos connexions. Vous disposez d'une carte graphique pour afficher toutes les informations et un dispositif de diagnostic permet d'identifier les dysfonctionnements pour les résoudre plus efficacement.

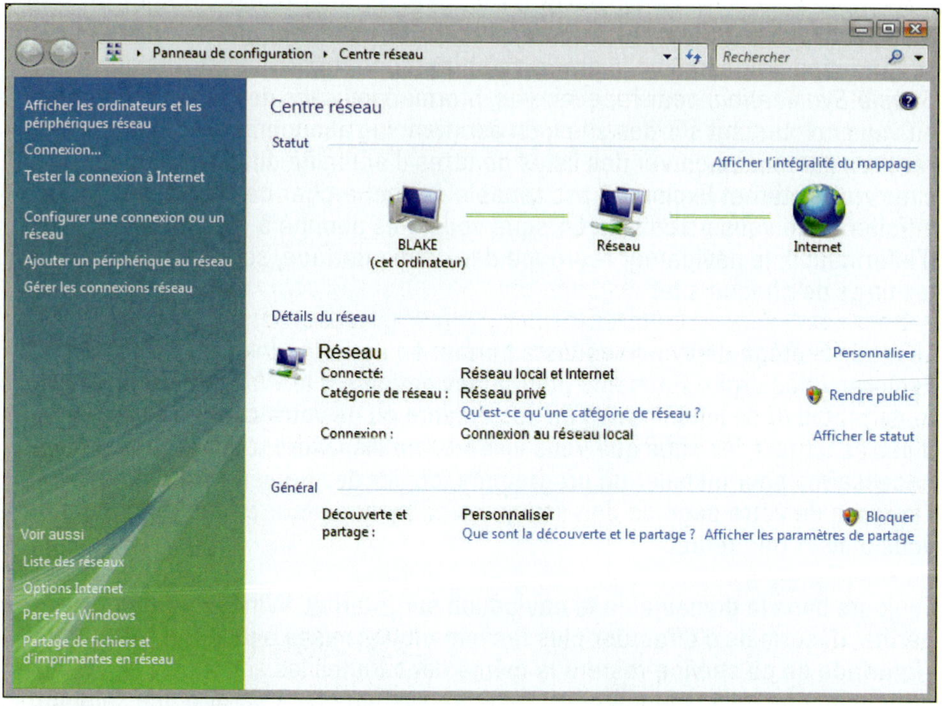

Le Centre Réseau permet de configurer de nouvelles connexions, par exemple celle que vous pouvez paramétrer pour accéder depuis votre domicile au réseau de l'entreprise pour laquelle vous travaillez. Un Assistant a été intégré au système pour faciliter la mise en réseau de plusieurs ordinateurs et périphériques (imprimantes ou consoles de jeux entre autres) avec une technologie filaire ou sans fil. Cet Assistant peut automatiser l'identification et la configuration sécurisée du nouveau matériel qui intègre votre réseau. Il vous aide également à définir le partage des fichiers et du matériel, telle une imprimante.

Reconnaissance des réseaux

Les applications de Windows Vista peuvent reconnaître un changement de réseau et modifier leur configuration en conséquence. Ainsi, lorsque vous vous connectez au réseau de votre entreprise depuis votre domicile, votre pare-feu peut automatiquement ouvrir les ports nécessaires pour exécuter certains programmes spécifiques à votre entreprise. De plus, le module dédié à la stratégie de groupe peut lui aussi identifier les nouveaux réseaux et activer les profils utilisateur correspondants.

Désormais, vous pouvez enregistrer tous les paramètres de votre réseau, par exemple sur une clé USB, ce qui permet une intégration plus rapide d'un nouvel appareil. Il suffit effectivement de connecter la clé sur le nouvel ordinateur pour mettre ce dernier en réseau sans qu'il soit nécessaire d'effectuer un paramétrage supplémentaire.

Le nouvel Explorateur de réseau a été conçu pour accéder aux informations de votre réseau. Vous pouvez définir des icônes personnalisées pour chaque périphérique et exploiter directement leur commande depuis cette interface.

Si vous utilisez un réseau sans fil, sachez que vos informations sont dorénavant protégées par les derniers protocoles de sécurité, WPA2 (*Wi-Fi Protected Access 2*) notamment.

Outils

Afin de gérer la masse d'informations récupérées sur Internet, Windows Vista intègre une multitude de petits outils pour l'organiser et la trouver plus facilement. Par exemple, la Sidebar, un volet légèrement transparent qui s'affiche sur le Bureau Windows et que vous pouvez déplacer à l'endroit de votre choix, permet d'accéder immédiatement à un ensemble de petites applications qui améliorent la convivialité de votre environnement et la gestion des informations.

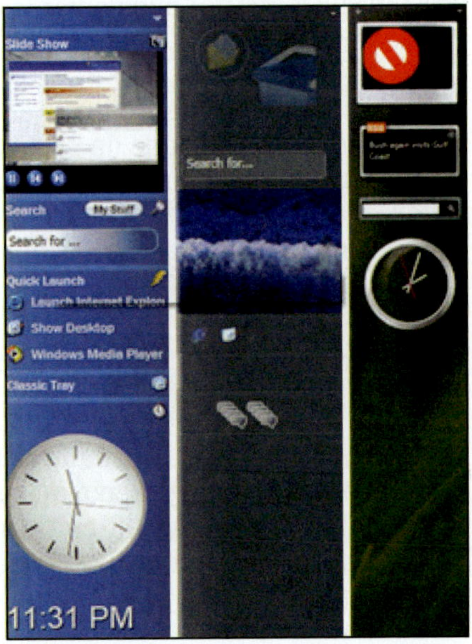

Plusieurs utilitaires sont disponibles pour être intégrés dans la Sidebar. Une grande partie d'entre eux peuvent se connecter à des services web pour afficher des informations en temps réel : météo, actualité, trafic routier, etc.

D'autres exploiteront des informations à partir de votre ordinateur : afficher vos photos sous la forme d'un diaporama, votre carnet d'adresses ou un calendrier, une calculatrice ou un pense-bête, un jeu, les contrôle du lecteur multimédia, etc.

Autre utilitaire incontournable : le nouveau Centre de synchronisation. Celui-ci désigne un module conçu pour synchroniser vos données de différentes façons : entre vos ordinateurs, entre des serveurs réseau ou des ordinateurs et différents périphériques.

À la différence des outils de synchronisation de Windows XP, vous pouvez ici gérer toutes vos procédures de synchronisation : démarrage manuel, affichage des statuts et des notifications pour vous signaler des conflits ou des doublons, etc.

Si vous utilisez un ordinateur portable, vous pourrez, avec la fonctionnalité SideShow, connecter un second écran spécifique pour afficher certaines informations (emploi du temps, carnet d'adresses, courrier électronique, etc.) sans allumer votre ordinateur. Cela permet d'accéder plus rapidement aux données et, surtout, d'augmenter la durée de vie de la batterie de votre portable.

Vous disposez également d'outils qui permettent à Windows Vista d'être plus performant. Ainsi, le mode de gestion de l'alimentation avec Vista a été revu en profondeur et on parle maintenant de Veille avancée. Sa particularité : un redémarrage extrêmement rapide (deux à trois secondes tout au plus) tout en bénéficiant de la très faible consommation d'énergie du mode Veille prolongée.

Notez toutefois que, sous Windows Vista, la fonction Veille avancée ne fonctionne pas de la même manière sur les ordinateurs de bureau et les portables.

Lorsque vous éteignez l'ordinateur de bureau, tous les documents et toutes les applications en cours d'exécution sont enregistrés en deux endroits : en mémoire (sous Windows XP, cette procédure correspondait à la Mise en veille) et sur le disque dur (procédure appelée Mise en veille prolongée avec les versions XP).

Concrètement, Windows Vista utilise les données enregistrées dans la mémoire pour redémarrer plus rapidement votre ordinateur en sortant de veille tandis que celles stockées sur votre disque dur constituent une version de sauvegarde utile en cas de panne d'électricité, par exemple.

À l'inverse, sur les ordinateurs portables, lorsque vous basculez en mode Veille avancée en appuyant sur le bouton d'alimentation ou en rabattant votre écran, les données sont uniquement enregistrées dans la mémoire dans un premier temps. Toutefois, lorsque la batterie commence à se décharger, le système copie vos fichiers sur le disque pour éviter de perdre vos données.

Autre outil dédié à la performance de votre système : la fonction SuperFetch facilite la gestion de la mémoire de votre ordinateur pour optimiser son utilisation. Elle permet de charger plus rapidement vos programmes et vos fichiers. Elle évite aussi, dans de nombreuses situations, les ralentissements du système.

En fait, SuperFetch identifie les applications que vous utilisez le plus souvent et les précharge en mémoire pour que votre système soit plus rapide au démarrage ou lorsque vous changez de profil utilisateur.

La technologie EMD (*External Memory Devices*), quant à elle, augmente les performances de votre système sans qu'il soit nécessaire d'installer de la mémoire vive supplémentaire.

Désormais, vous pouvez utiliser des clés USB comme périphériques mémoire externes pour augmenter la mémoire de votre système et améliorer ses performances. Les données de l'EMD sont cryptées pour éviter toute consultation non autorisée lorsque vous retirez votre clé USB de sa prise.

Enfin, Windows Vista peut exploiter un nouveau type de disque dur, appelé disque dur hybride, qui a la particularité d'intégrer une mémoire flash tampon non volatile. Un tel disque permet de démarrer, de basculer en mode Veille prolongée et de redémarrer plus rapidement. Cette technologie permet également d'améliorer la fiabilité de votre système et la durée de vie des batteries des ordinateurs portables.

En effet, le disque dur hybride a été essentiellement conçu pour les ordinateurs portables. Les données sont inscrites dans la mémoire flash, ce qui permet de ne pas solliciter le disque dur et d'économiser de la batterie. De plus, comme le disque dur reste inactif pendant le mode Veille avancée, le risque de panne matérielle de votre disque diminue considérablement lorsque vous êtes en déplacement.

Windows Vista à la maison

Windows Vista intègre plusieurs nouvelles fonctions dédiées à l'utilisation de l'outil informatique à la maison, pour la communication sur Internet ou le divertissement par exemple.

Si vous partagez votre ordinateur avec les membres de votre famille, ou si vos enfants possèdent leur propre ordinateur, vous pouvez activer un dispositif de contrôle parental évolué.

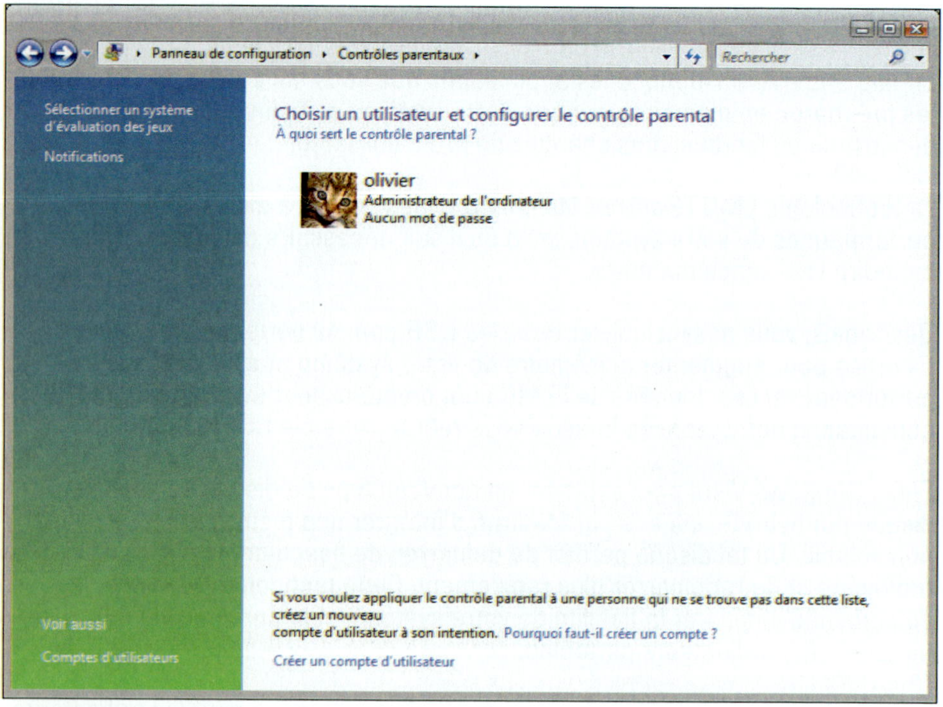

Vous pouvez ainsi autoriser ou interdire certains jeux selon, par exemple, une tranche d'âge spécifique ou selon leur contenu. Vous pouvez également générer automatiquement des rapports d'activité pour connaître l'historique d'utilisation de l'ordinateur pendant votre absence.

En ce qui concerne Internet, vous disposez d'un nouveau logiciel de courrier électronique : Windows Mail. Il intègre une fonction de recherche rapide, un dispositif de filtre pour limiter le courrier non sollicité et un filtre de phishing pour améliorer la protection de vos données personnelles.

Les dossiers de réception et de sauvegarde de vos messages peuvent désormais, comparés à ceux d'Outlook Express, stocker sans difficulté un grand nombre d'emails, ce qui améliore considérablement la fiabilité du programme.

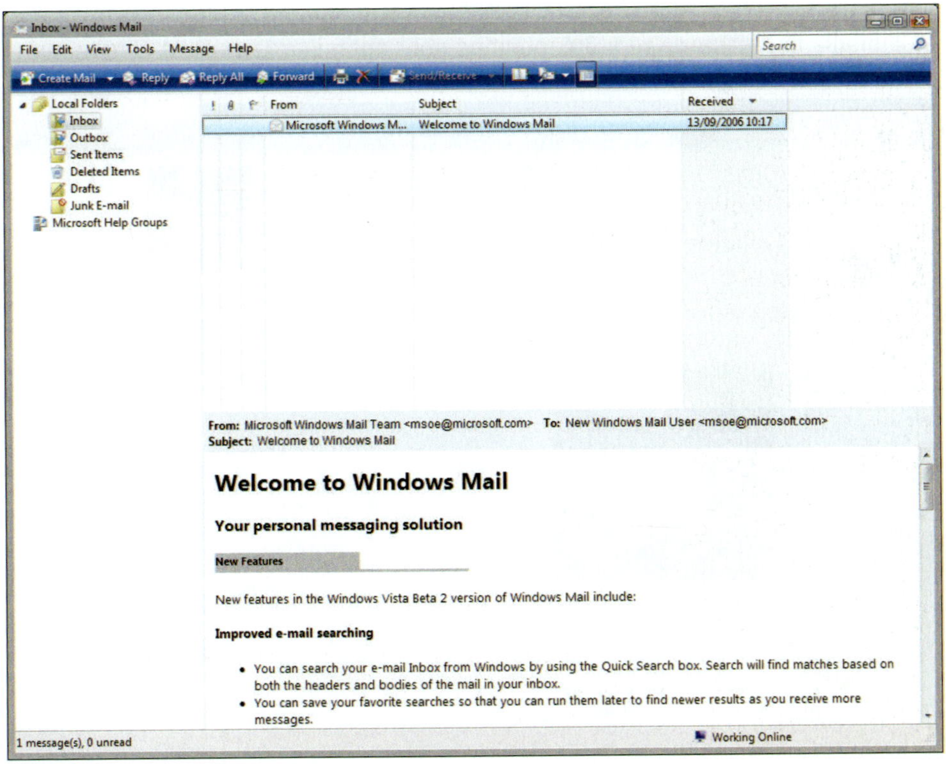

Un nouveau calendrier a été implémenté dans Windows Vista pour faciliter la gestion de votre emploi du temps. Vous pouvez créer des listes de rendez-vous et mettre en place un système d'alerte en local ou par email pour ne pas les oublier. Vous pouvez également partager votre calendrier avec plusieurs personnes, ce qui s'avère particulièrement utile si vous partagez votre ordinateur avec d'autres utilisateurs. Le calendrier Windows est compatible avec le format iCalendar ; cela signifie que vous pouvez l'importer ou l'exporter vers d'autres applications installées sur d'autres ordinateurs ou vers des sites web.

Désormais, Windows Vista intègre une galerie photo qui contient plusieurs outils pour gérer vos images et vos vidéos. Vous pouvez effectuer des recherches précises, les imprimer ou les modifier directement à partir d'une seule et même interface.

La version 11 du lecteur Windows Media a été intégrée à Windows Vista et certaines de ses fonctions ont été améliorées, notamment la bibliothèque multimédia dont l'interface a été modifiée pour optimiser la gestion et la lecture

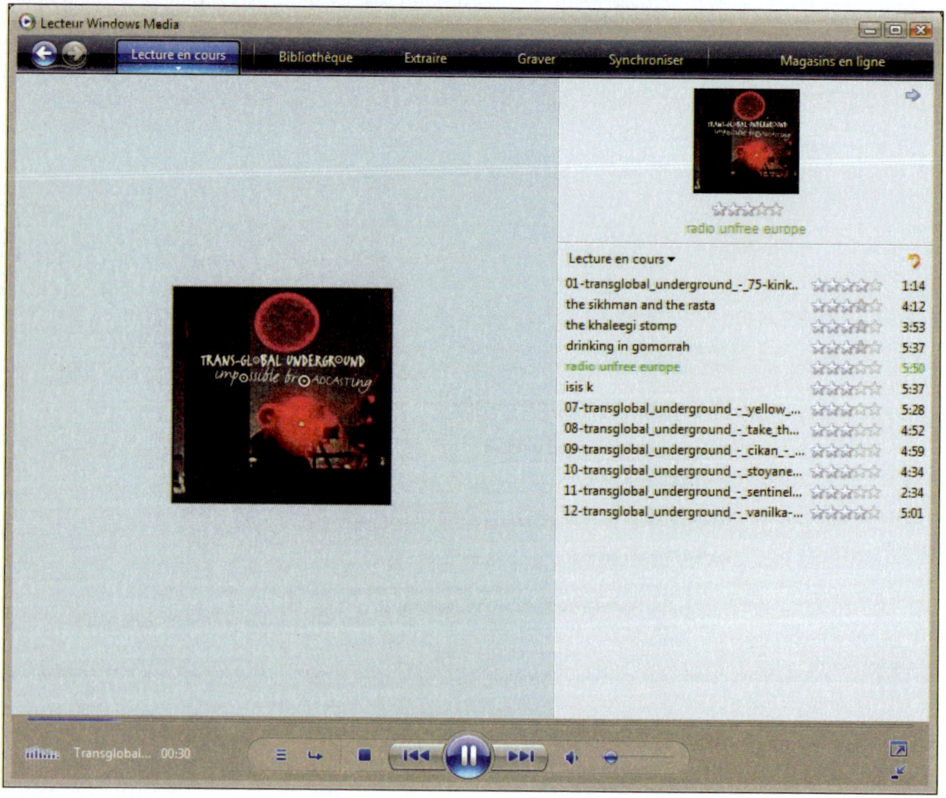

de vos fichiers. Vous pouvez accéder au contenu de votre bibliothèque à partir de votre Xbox 360, ce qui vous permet d'écouter de la musique n'importe où dans votre maison.

Une nouvelle version de Windows Movie Maker est également disponible dans Windows Vista. De nouveaux effets ont été intégrés et les performances graphiques ont été améliorées. Désormais, la vidéo haute définition est supportée et vous pouvez graver plus facilement vos films sur support DVD pour les diffuser dans votre entourage.

Windows Vista intègre en outre toutes les fonctionnalités de Windows Media Center pour exploiter dans les meilleures conditions toutes vos applications dédiées au loisir numérique à partir d'une seule interface.

Cette plateforme logicielle supporte désormais la télévision hertzienne et numérique, et offre un menu plus ergonomique. Vous pouvez exploiter tous ces outils au clavier, à la souris ou avec une télécommande spécifique.

La fonction Media Center extender permet également de partager vos ressources multimédias sur un réseau domestique pour regarder, par exemple, un film dans n'importe quelle pièce de votre maison.

Windows Vista en entreprise

Pour améliorer l'efficacité des entreprises, Windows Vista intègre plusieurs nouveautés entièrement dédiées au monde du travail. Les petites et moyennes entreprises pourront également diminuer leur coût de maintenance avec les outils d'assistance intégrés au système.

Les procédures de configuration, notamment pour se connecter à différents réseaux, ont été considérablement simplifiées et la sécurité constitue un élément fondamental du système.

Des fonctions de diagnostics ont été implémentées pour fournir, entre autres, des correctifs automatiquement et des rapports qui peuvent vous alerter sur un dysfonctionnement matériel ou logiciel.

Les fonctions dédiées à la mobilité ont été intégrées à Windows Vista pour simplifier l'utilisation de votre outil informatique lorsque vous êtes en déplacement. La connexion des périphériques est plus rapide et les fonctions de synchronisation des données ont été étendues.

La gestion de l'alimentation intègre désormais un indicateur de charge plus accessible et vous avez la possibilité de modifier, en toute simplicité, la gestion de l'alimentation en fonction de vos besoins.

Dorénavant, tous les paramètres de configuration dédiés à la mobilité ont été réunis en un seul endroit ; le Centre de mobilité Windows.

Vous pourrez ainsi modifier, selon votre emplacement, différentes options telles que la gestion de l'alimentation, l'affichage de l'écran, l'activation ou non du réseau sans fil, etc.

Si votre ordinateur portable est équipé d'un stylet ou d'un écran tactile, vous pourrez exploiter directement avec Windows Vista toutes les fonctions dédiées au Tablet PC avec, entre autres, l'intégration de toutes les technologies nécessaires pour la reconnaissance d'écriture. Afin d'améliorer leur efficacité, un dispositif de personnalisation de l'écriture manuscrite a été implémenté pour adapter toutes ces fonctions aux particularités de votre écriture personnelle.

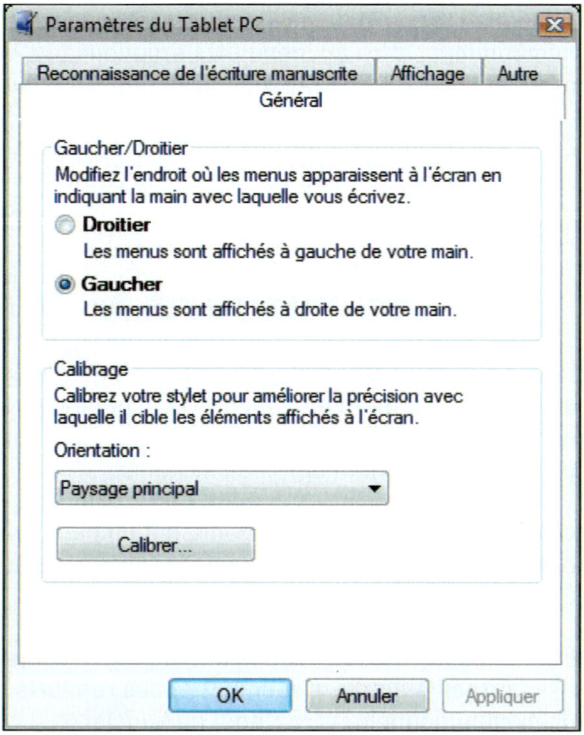

Une fonction d'affichage partagé permet également de travailler en groupe (jusqu'à douze utilisateurs) sur un même fichier. Si vous ne disposez pas d'un accès réseau lorsque vous êtes en déplacement, un réseau temporaire sans fil peut être créé pour permettre de travailler en groupe.

La fonction d'affichage partagé permet également d'afficher votre Bureau ou une application sur un autre poste ou sur un vidéoprojecteur connecté en réseau. Vous disposez en outre d'un Assistant de partage pour partager plus facilement vos documents avec d'autres utilisateurs.

Un nouveau module intègre toutes les fonctions relatives au fax et au scanner. De nouveaux outils permettent d'améliorer la gestion de ce type de documents et la communication avec ce type d'appareils, même lorsqu'ils sont multifonctions.

Chapitre 2

Évaluer votre configuration

Windows Vista, comparé aux versions précédentes de Windows, requière davantage de ressources et exige des machines puissantes pour fonctionner dans les meilleures conditions. C'est pourquoi, selon votre équipement, certaines fonctions peuvent être désactivées automatiquement par le système, tel le dispositif d'affichage Windows Aero , si vous ne disposez pas de la puissance nécessaire pour exécuter correctement votre nouveau système. Dès lors, la première étape d'une migration vers Windows Vista consiste à évaluer votre équipement pour savoir s'il peut supporter votre nouveau système d'exploitation, et si vous devez mettre à jour ou non certains de ses composants.

Connaître mieux votre matériel

Microsoft a mis en place plusieurs outils pour savoir si vous disposez d'un équipement suffisamment puissant pour mettre en œuvre son dernier système d'exploitation et effectuer votre migration sans mauvaise surprise. Mais avant de commencer à tester votre matériel, il convient de se poser une question essentielle : pouvez-vous réellement migrer vers Windows Vista ?

Contraintes de migration

Si vous envisagez de repartir de zéro en installant Windows Vista, c'est-à-dire en reformatant votre disque dur pour effectuer une installation « propre » de votre nouveau système, ce qui représente la solution la plus fiable, la question des contraintes de migration ne se pose pas dans votre situation.

À l'inverse, si vous envisagez de mettre à jour votre système d'exploitation pour conserver, entre autres, toutes vos applications sans devoir les réinstaller, vous devez prendre en compte votre version actuelle de Windows. De fait, certaines d'entre elles ne sont pas compatibles avec plusieurs éditions spécifiques de Windows Vista ; en d'autres termes, elles ne vous permettront pas d'effectuer votre migration par une simple procédure de mise à jour. Dès lors, voyons les possibilités dont vous disposez selon la version de Windows que vous possédez actuellement.

- Si vous travaillez dans un environnement Windows XP Professionnel, vous pouvez effectuer une mise à jour pour passer à Windows Vista Business ou Windows Vista Ultimate. À l'inverse, vous devrez effectuer une nouvelle installation pour migrer vers Windows Vista Home Premium et Windows Vista Home Basic.

- Si vous possédez Windows XP Édition familiale, vous ne serez limité par aucune édition pour effectuer votre migration. De fait, la technique de la mise à jour pourra être adoptée pour migrer vers n'importe quelle édition de Windows Vista : Ultimate, Business, Home Premium, Home Basic, etc.

- Pour les utilisateurs de Windows XP Media Center, la mise à jour ne peut s'effectuer que pour deux versions de Windows Vista : Home Premium et Ultimate. Pour les autres éditions, une procédure d'installation complète s'impose.

- Les utilisateurs de Windows XP Tablet PC ne pourront, eux aussi, effectuer une mise à jour que vers deux éditions de Windows Vista : Business et Ultimate. Pour les autres éditions, il est nécessaire de sauvegarder vos fichiers de travail et de réinstaller toutes vos applications à partir d'une nouvelle installation de Windows Vista.

- En ce qui concerne les versions Windows XP Professional x64 et Windows 2000, il s'avère nécessaire d'effectuer une installation complète de l'édition de Windows Vista que vous choisirez pour effectuer correctement votre migration.

- Pour toutes les autres versions plus anciennes de Windows, Windows 98 par exemple, aucune mise à jour n'est possible. Vous devrez effectuer une nouvelle installation.

En règle générale, si vous envisagez d'effectuer une mise à jour plutôt qu'une installation complète, sachez que le passage vers une édition de Vista qui vous fera perdre des fonctionnalités par rapport à votre version de Windows XP actuelle nécessite une installation complète. La technique de mise à jour ne pourra être adoptée.

Choix *de votre PC*

Le passage à Windows Vista exige un équipement plus puissant que celui adapté à Windows XP. L'environnement n'est plus le même et les fonctions sont plus évoluées. Dans ces conditions, si vous devez également renouveler votre matériel, il convient de prendre en compte vos nouveaux besoins.

Pour vous faciliter cette tâche, Microsoft a mis en place un système d'identification qui se concrétise par deux labels que vous trouverez sous forme d'autocollants apposés sur les nouvelles configurations informatiques dédiées à Windows Vista : Windows Vista Capable et Windows Vista Premium Ready. Concrètement, ces deux logos remplaceront l'ancien label Designed for Windows XP.

Le logo Windows Vista Capable signifie que le matériel correspondant peut supporter l'installation de Windows Vista mais vous ne pourrez peut-être pas exécuter toutes les fonctions du système, notamment celles qui sont associées à la nouvelle interface graphique Windows Aero . Dans ce cas, Windows Vista désactivera automatiquement certaines fonctionnalités pour conserver sur votre machine des performances correctes. En d'autres termes, vous ne pourrez bénéficier de certains effets mais Windows Vista pourra être exécuté sur votre ordinateur.

Pour bénéficier d'un tel label, votre machine doit intégrer un processeur cadencé au moins à 800 MHz et une carte graphique compatible DirectX 9 disposant d'un pilote *Windows Display Driver Model* (WDDM). En ce qui concerne la mémoire vive et l'espace disque, comptez au moins 512 Mo de RAM et 15 Go d'espace disque dur disponible. Sachez toutefois que la compatibilité DirectX 9 de votre carte graphique n'est nécessaire que si vous souhaitez profiter du nouvel environnement graphique Windows Aero.

À ce propos, le volume de VRAM embarqué par votre carte graphique est déterminant pour connaître la résolution dans laquelle vous pourrez travailler avec Windows Vista. Ainsi, avec 64 Mo de VRAM, vous pourrez configurer plusieurs résolutions jusqu'à 1 280 x 1 024 tandis que 32 Mo permettront de travailler en 800 x 600, voire 1 024 x 768 maximum. Si vous disposez de 128 Mo de VRAM, vous pourrez travailler avec des résolutions supérieures à 1 280 x 1 024, sans pouvoir dépasser toutefois 1 920 x 1 200, ce qui correspond tout de même à la résolution des écrans $16/10^{e}$ en 23 ou 24 pouces. Enfin, un volume de 256 Mo de VRAM permet de travailler avec n'importe quelle résolution supérieure à 1 920 x 1 200 et en mode Multi-écran.

Le logo Windows Vista Premium Ready, quant à lui, est plus exigeant. Il désigne des machines équipées d'un processeur cadencé à 1 GHz minimum, de 1 Go de mémoire vive et disposant d'une carte graphique compatible DirectX 9 et embarquant au moins 128 Mo de VRAM.

Quoi qu'il en soit, si vous souhaitez conserver votre matériel existant et bénéficier de performances correctes avec Windows Vista, vous devez disposer d'un processeur de puissance moyenne, c'est-à-dire un Pentium 4, un Celeron, un AMD Athlon ou Sempron cadencé dans tous les cas à 2,6 GHz. Si vous recherchez plus de performances, vous pouvez bien entendu investir dans un modèle de processeur cadencé à une vitesse supérieure, mais le résultat ne sera pas significatif. Mieux vaut vous équiper en mémoire vive supplémentaire ou investir dans un processeur dernière génération de type dual-core.

Avantage des processeurs dual-core

La génération des dual-core désigne des processeurs équipés de deux processeurs. Chacun dispose de son propre cache, ce qui permet au système de traiter deux tâches simultanément sans perte en performance. Les processeurs répondant à cette technologie sont déjà nombreux sur le marché. Citons, par exemple, l'Intel Pentium D et le Pentium Extreme Edition, ou le processeur AMD Athlon 64 X2.

Si vous avez la chance de disposer d'un processeur 64 bits, n'hésitez pas à adopter la version 64 bits de Windows Vista, vous ne serez pas déçu par les performances que vous obtiendrez. Si vous utilisiez un tel processeur avec un système 32 bits, il n'était pas possible d'obtenir des performances optimales et le passage à un système 64 bits entraîne une amélioration de la vitesse de traitement de vos applications.

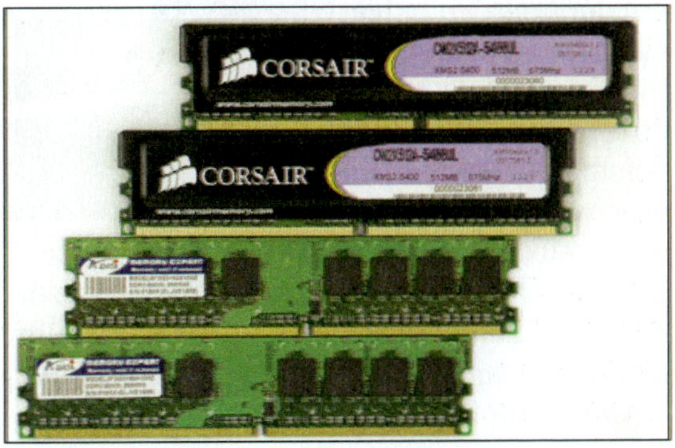

Si votre ordinateur actuel dispose de 512 Mo de mémoire vive, cela s'avère suffisant pour exécuter Windows Vista mais vous serez probablement déçu par ses performances. Raisonnablement, si vous exécutez plusieurs programmes simultanément ou si vous manipulez des photos et écoutez régulièrement de la musique, envisagez rapidement de passer à 1,5 Go de RAM pour une machine 32 bits et 2 Go pour une machine 64 bits. 1 Go de RAM constitue en tous cas un minimum, même si Microsoft a mis le ticket d'entrée à son nouveau système à partir de 512 Mo.

N'oubliez pas non plus la vitesse de votre mémoire. L'ancienne norme DDR (*Double Data Rate*) correspond à une vitesse située entre 100 MHz (PC-1600) et 200 MHz (PC-3200) tandis que la norme DDR2 permet d'obtenir une vitesse de l'ordre de 200 MHz (PC2-3200) à 533 MHz (PC2-8500). La nouvelle technologie DDR3 permettra d'obtenir des vitesses entre 400 MHz et 800 MHz, ce qui améliorera considérablement les performances de Windows Vista.

Passons à présent à l'espace disque nécessaire pour l'installation de Windows Vista. Comme nous l'avons signalé précédemment, comptez en moyenne un espace libre de 15 Go minimum pour suivre les recommandations de Microsoft. Il faut ajouter au moins 5 Go supplémentaires pour prendre en compte l'espace requis pendant l'utilisation du système qui générera un fichier système volumineux (fichier de pagination dont la taille dépend du volume de mémoire vive dont vous disposez) et de nombreux fichiers temporaires, sans oublier l'espace réservé à la Corbeille du système. Tout dépend, en outre, de la version de Vista que vous adopterez, certaines étant plus volumineuses que d'autres. C'est pourquoi, un volume de 20 Go minimum vous permettra de mettre en place n'importe quelle édition et de l'exécuter correctement.

Prenez également en compte la vitesse de votre disque dur. Même si vous disposez de 2 Go de RAM et d'un processeur dernière génération, vous obtiendrez de bien piètres performances en installant Windows Vista sur un ancien disque IDE 5400 RPM. Pour obtenir un système avec des temps de réponse raisonnables, optez pour un disque dur 7 200 RPM ou 10 000 RPM. Et si votre carte mère le permet, abandonnez sans hésiter la technologie IDE pour adopter la technologie SATA (*Serial Advanced Technology Attachment*) dont les vitesses de transfert peuvent atteindre théoriquement jusqu'à 150 Mbit/s.

La carte graphique mérite que l'on pense au-delà des simples recommandations données par Microsoft pour l'obtention des labels Vista Capable et Vista Ready. Comme vous l'avez compris, Windows Vista, à la différence des versions précédentes du système, consomme beaucoup de ressources graphiques pour son interface (Windows Aero), mais il est capable de désactiver certaines de ses fonctionnalités si vous ne disposez pas d'un équipement suffisamment puissant pour le faire. Concrètement, si vous ne possédez pas de carte graphique qui répond aux normes Vista Capable ou Vista Ready, l'interface graphique que vous obtiendrez reposera sur un thème classique de type Windows 2000. Si vous disposez d'une carte graphique de puissance moyenne, vous pourrez afficher l'interface Windows Aero mais il

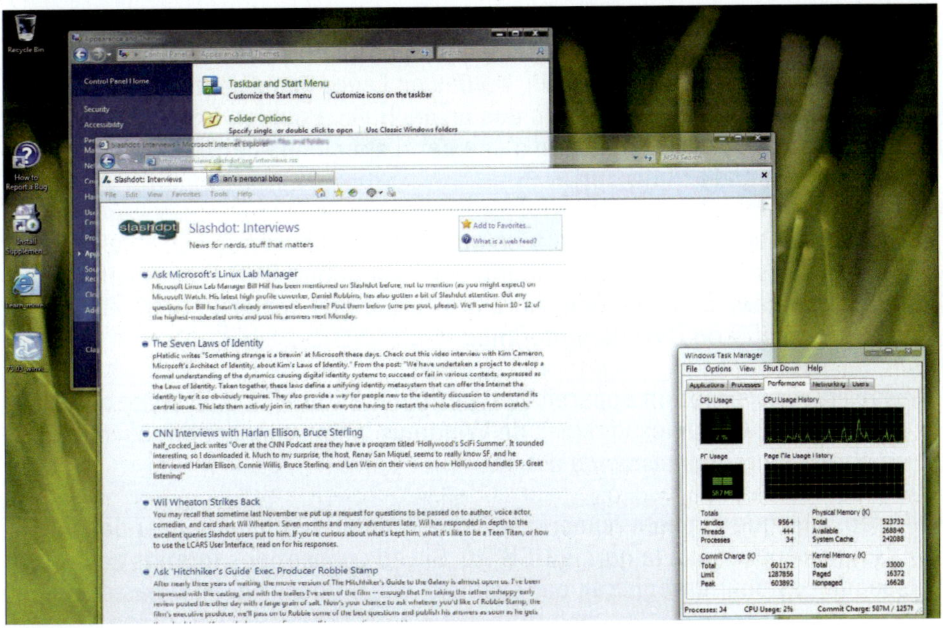

manquera certains effets, telle la transparence des fenêtres au niveau de la barre de titre et des bordures. Enfin, avec une carte graphique puissante, vous pourrez profiter de toutes les fonctionnalités de Windows Aero.

Quoi qu'il en soit, avec Windows Vista, il va falloir désormais adopter la même règle qu'avec Windows XP pour la mémoire vive : plus vous aurez de mémoire vidéo, mieux ce sera. L'investissement sera toujours bénéfique à terme, vous n'aurez jamais à le regretter même si, actuellement, vous ne sentez pas encore le besoin de posséder une carte graphique dotée de 256 Mo ou plus de mémoire.

Enfin, comme vous le savez, Windows Vista peut prendre en charge de nombreuses tâches très différentes. Selon vos besoins, vous serez peut-être amené à choisir un PC équipé avec un matériel spécifique.

- Navigation sur Internet. Vous aurez besoin d'un modem qui supporte les connexions 56 kbit/s si vous passez par une liaison analogique, ou un modem câble ou ADSL pour les connexions haut débit. Pensez également à vous équiper d'un routeur si vous devez mettre en place un réseau local pour partager votre connexion et le sécuriser également.

- Réseau. Si votre poste doit intégrer un réseau local classique (filaire), veillez à ce qu'il intègre une carte Ethernet qui supporte des transferts à 100 Mbit/s. Vous aurez probablement besoin, si vous ne l'avez pas déjà, d'un hub ou d'un switch et de câbles réseau avec des prises RJ45. Pour les réseaux sans fil, pensez à équiper votre machine d'une carte spécifique qui supporte la norme IEEE 802.11a ou 802.11g.

- Gravure. Optez directement pour un graveur DVD plutôt que CD. En effet, Windows Vista peut directement graver des supports DVD-R sans passer par un logiciel tiers. Bien entendu, votre ordinateur doit également être équipé d'un lecteur CD ou DVD de préférence.

- Mobilité. Choisissez un appareil de type Tablet PC équipé d'un stylet ou d'un écran tactile. Certaines versions de Windows Vista prennent effectivement en charge la reconnaissance d'écriture.

- Vidéo, musique et photo numérique. Votre ordinateur doit proposer des ports USB qui répondent à la norme USB 2.0. Si vous utilisez des formats de cartes spécifiques pour enregistrer, par exemple, vos photos, n'oubliez pas d'ajouter le lecteur de cartes correspondant. Enfin, pour la capture vidéo, il faudra installer une carte spécifique, interne ou externe. Dans le dernier cas, il est préférable de posséder un port FireWire (IEEE 1394).

- Reproduction de documents. Choisissez un scanner qui se connecte par la prise USB. Vous pouvez également adopter un appareil tout en un (fax, scanner et imprimante).
- Télécopie. Si vous faxez des documents et que vous ne disposiez pas d'appareil tout en un comme celui que nous vous avons suggéré précédemment, optez pour un modem classique.
- Vidéoconférence. Installez une webcam ou achetez une caméra qui intègre un mode Webcam.
- Lecture audio et jeux. Pour obtenir un résultat correct, installez une carte son et n'utilisez pas le module audio intégré à votre carte mère. Achetez également une bonne paire d'enceintes et n'hésitez pas à les coupler avec un subwoofer pour le rendu des basses.
- Radio et télévision. Vous pouvez écouter et regarder respectivement la radio et la télévision sur Internet. Vous pouvez également le faire sans vous connecter en installant une carte tuner radio et une carte tuner TV.

Test de votre PC sous Windows XP

Avant de démarrer la procédure de migration sur votre ordinateur actuel, il peut s'avérer intéressant de tester cette dernière. Microsoft met à votre disposition un outil spécifique pour le faire. Cela vous permettra d'identifier les composants qui ne disposent pas d'une puissance suffisante pour exécuter Windows Vista. Vous pourrez ainsi les changer avant de passer définitivement à Windows Vista.

L'utilitaire proposé gratuitement par Microsoft se nomme Windows Vista Upgrade Advisor. Il permet de générer un rapport précis qui mettra en évidence tous les problèmes de compatibilité avec votre système et ses périphériques que vous pourrez rencontrer après avoir installé Windows Vista. Vous pourrez également déterminer plus facilement la version de Windows Vista qui correspond le mieux à vos besoins.

Évolution du produit

À l'heure où nous écrivons ces lignes, Windows Vista Upgrade Advisor n'est disponible qu'en version bêta. La version finale devrait intégrer un module capable de tester la compatibilité de la plupart des applications du marché, celle que nous avons installée n'a effectivement pas pu nous donner beaucoup d'informations à leur sujet… De plus, la version française n'est pas non plus disponible dans la version bêta mais devrait l'être dans la version finale.

Procédez ainsi :

1 Téléchargez la version bêta de Windows Vista Upgrade Advisor en cliquant sur le lien *Téléchargement* à partir de l'adresse suivante : www.microsoft.com/france/windowsvista/getready/upgradeadvisor/default.mspx.

2 Installez le programme que vous venez de télécharger sur un système Windows XP. Le programme ne fonctionne pas, ou très mal, sur des systèmes plus anciens.

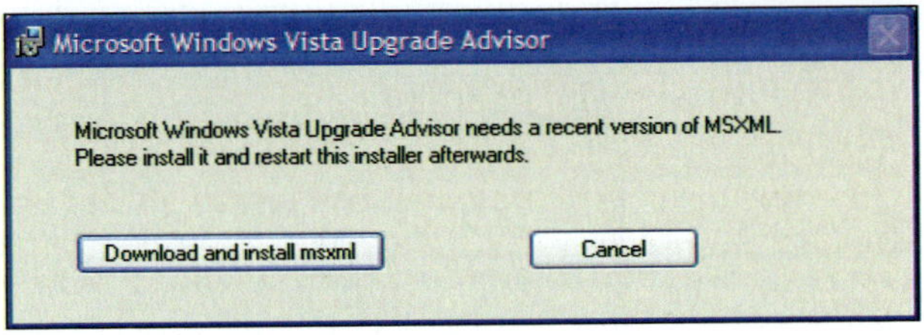

3 Au terme de l'installation, le programme vous propose, si nécessaire, de mettre à jour votre version de MSXML. Cliquez sur le bouton **Download and install msxml**.

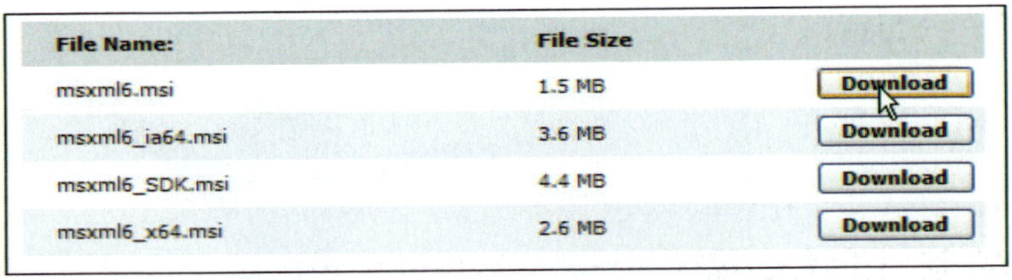

4 Dans la page web qui s'affiche, sélectionnez l'option *French* dans la liste déroulante correspondante et cliquez sur le premier bouton **Download** associé au fichier *msxml6.msi*.

5 Au terme du téléchargement, installez le parseur MSXML.

6 Une fois la procédure d'installation terminée, relancez l'installation de Windows Vista Upgrade Advisor.

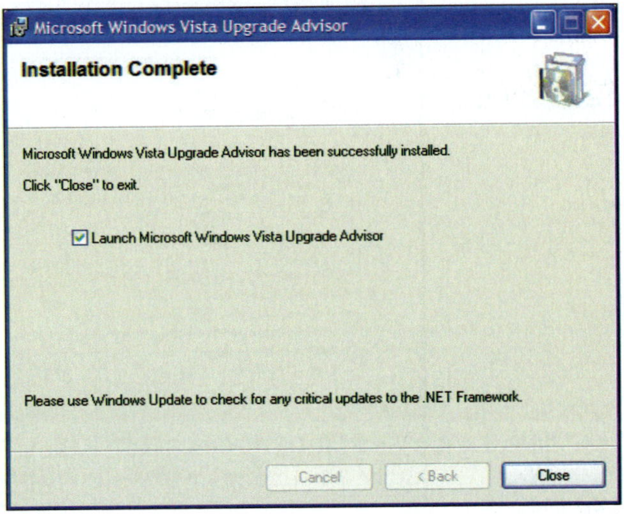

7 Un Assistant d'installation s'affiche. Conservez toutes les options proposées par défaut et démarrez la procédure.

8 Lorsque l'opération se termine, une dernière boîte de dialogue s'affiche. Cochez l'option *Launch Microsoft Windows Vista Upgrade Advisor* et cliquez sur le bouton **Close**.

9 Le programme démarre.

10 Cliquez sur le lien *Start Scan* dans la fenêtre principale du programme pour démarrer l'analyse de votre équipement.

11 L'analyse du système démarre. Elle dure plusieurs minutes.

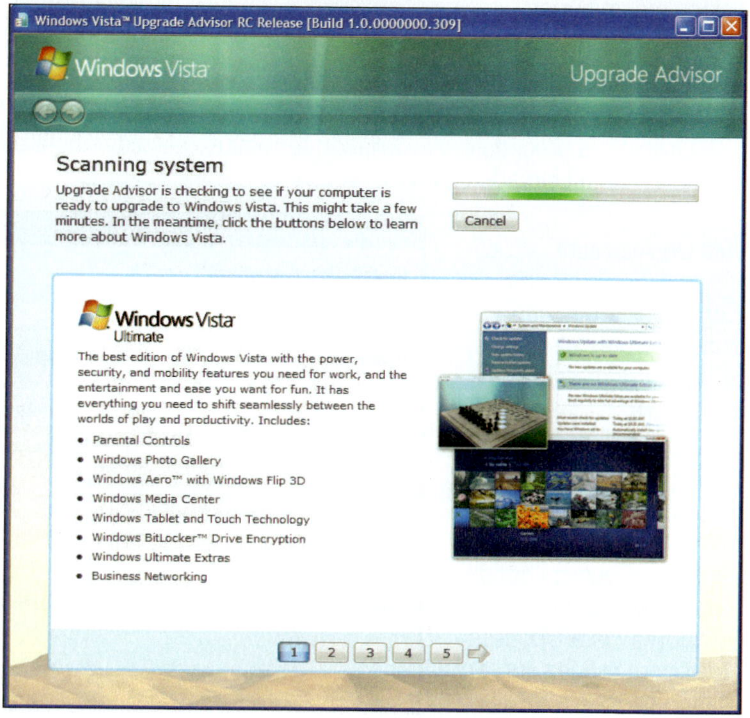

12 Au terme de l'analyse, le message *Scan complete* s'affiche. Cliquez sur le bouton **See Details** pour afficher le rapport d'analyse.

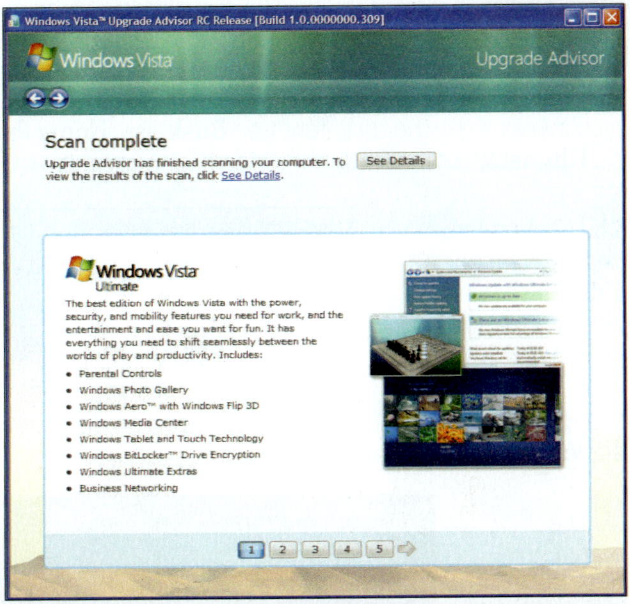

13 Si le message *Your computer can run Windows Vista* apparaît sur la première ligne du rapport, cela signifie que la migration est possible. Toutefois, il convient de se reporter aux différentes rubriques suivantes du rapport pour savoir si vous devez effectuer des mises à jour de votre équipement.

14 Par défaut, le rapport s'applique à la version Windows Vista Home Basic. Si vous souhaitez migrer vers une autre édition de Windows Vista, cliquez sur un des trois autres boutons disponibles à gauche de la fenêtre : **Business**, **Home Premium** ou **Ultimate**.

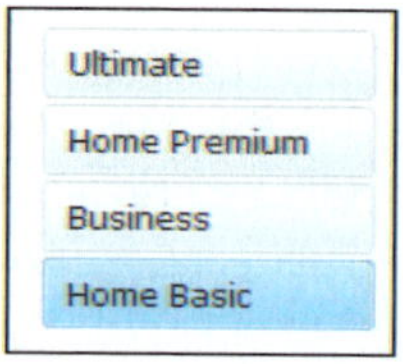

15 La première section du rapport, intitulée *System Requirements*, peut vous conseiller d'effectuer certains changements avant de procéder à la migration du système. Si c'est le cas, cliquez sur le bouton **See Details**.

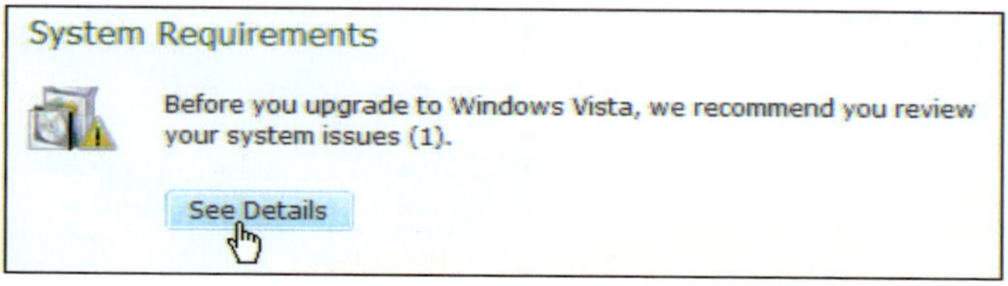

16 Le programme peut vous conseiller concernant différents points : libérer de l'espace disque, opter pour un processeur plus puissant, ajouter de la mémoire et installer un lecteur DVD.

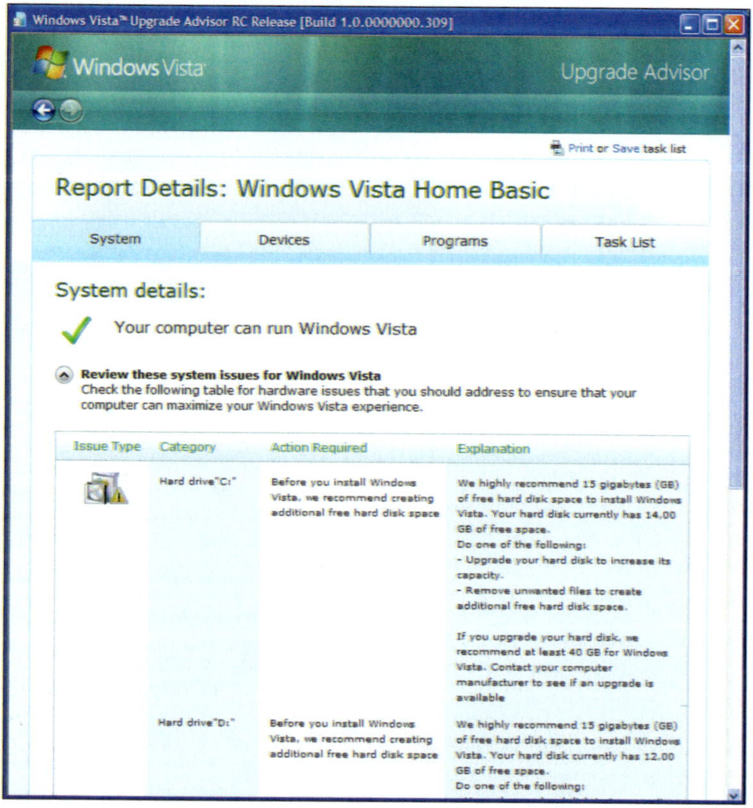

17 Cliquez sur le bouton **Devices** en haut de la fenêtre pour passer directement aux conseils de la section suivante sans retourner à l'écran précédent.

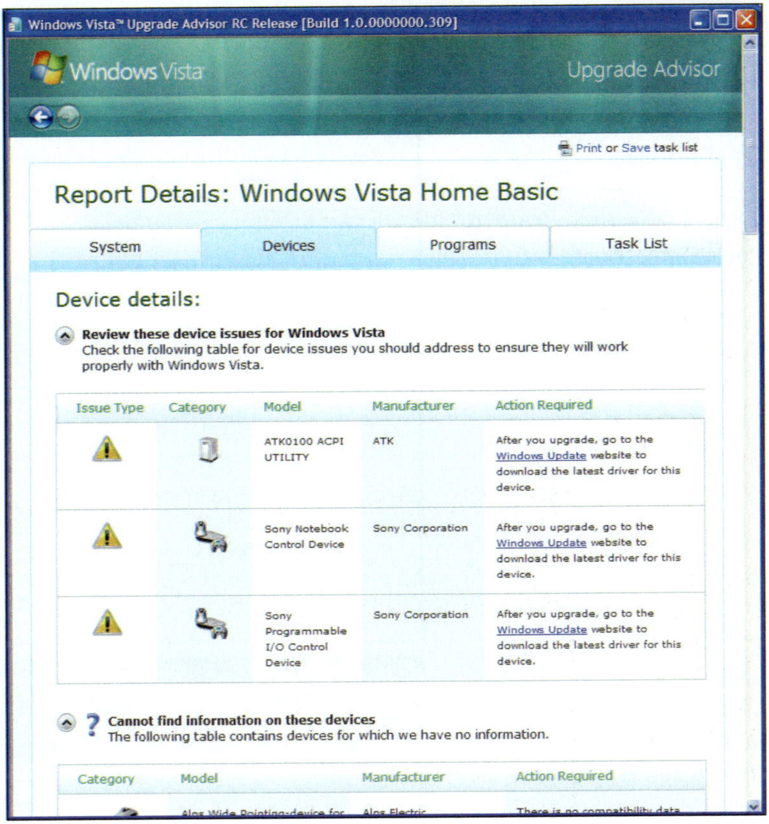

18 Ici, les conseils s'appliquent à votre matériel et à vos périphériques. En général, le programme indique, dans un tableau, les composants pour lesquels vous devrez télécharger un nouveau pilote après l'installation de Windows Vista.

Manque d'information

La version bêta de Windows Vista Upgrade Advisor peut détecter tous les composants de votre ordinateur mais elle peut manquer d'informations à leur sujet. Dans ce cas, le rapport est incapable de vous indiquer si le matériel détecté pourra fonctionner avec Windows Vista. Téléchargez plus tard une autre version de Windows Vista Upgrade Advisor. Elle aura peut-être intégrée les informations manquantes relatives à vos composants.

19 Cliquez sur le bouton **Programs** pour évaluer la compatibilité des programmes installés sur votre machine. Windows Vista Upgrade Advisor vous conseillera de désinstaller toutes les applications qui peuvent poser problème avec Windows Vista.

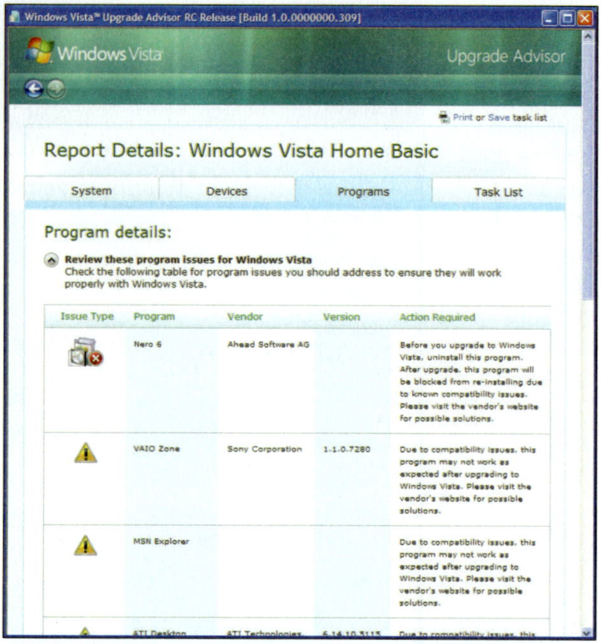

20 Cliquez sur le bouton **Task List** pour obtenir une synthèse de toutes les modifications que vous devez effectuer avant de lancer la migration de votre système vers Windows Vista. Vous pouvez imprimer ou sauvegarder cette liste avec les commandes prévues à cet effet situées en haut de la fenêtre à droite.

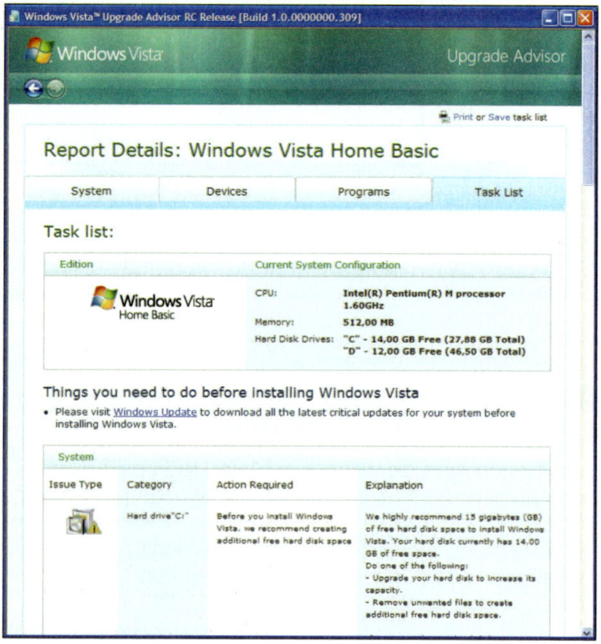

Trouver des programmes compatibles

Pour trouver une liste des programmes compatibles avec Windows Vista, connectez-vous sur le site Windows Marketplace à l'adresse suivante : www.windowsmarketplace.com. Cette plate-forme recense plusieurs milliers de produits, de type logiciel et matériel, compatibles avec Windows Vista : bureautique, jeux, utilitaires, appareils photo numériques, lecteurs multimédias portables, etc.

Test de votre PC *sous Windows Vista*

Windows Vista intègre un module qui permet de tester tous les composants de votre ordinateur pour attribuer des notes indiquant le niveau de performance de votre système. Procédez ainsi :

1 Dans Windows Vista, cliquez sur le bouton **Démarrer** de la Barre des tâches et sélectionnez **Panneau de configuration**.

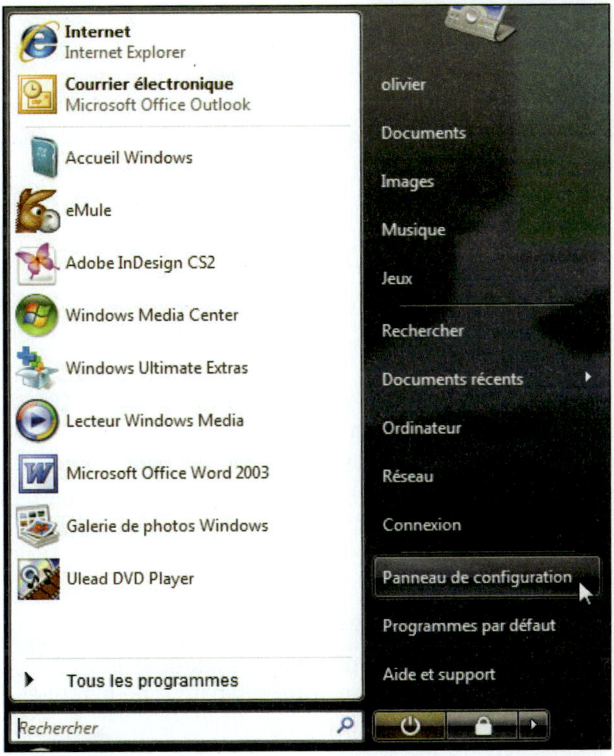

2 Double-cliquez sur l'icône *Système* disponible dans le Panneau de configuration.

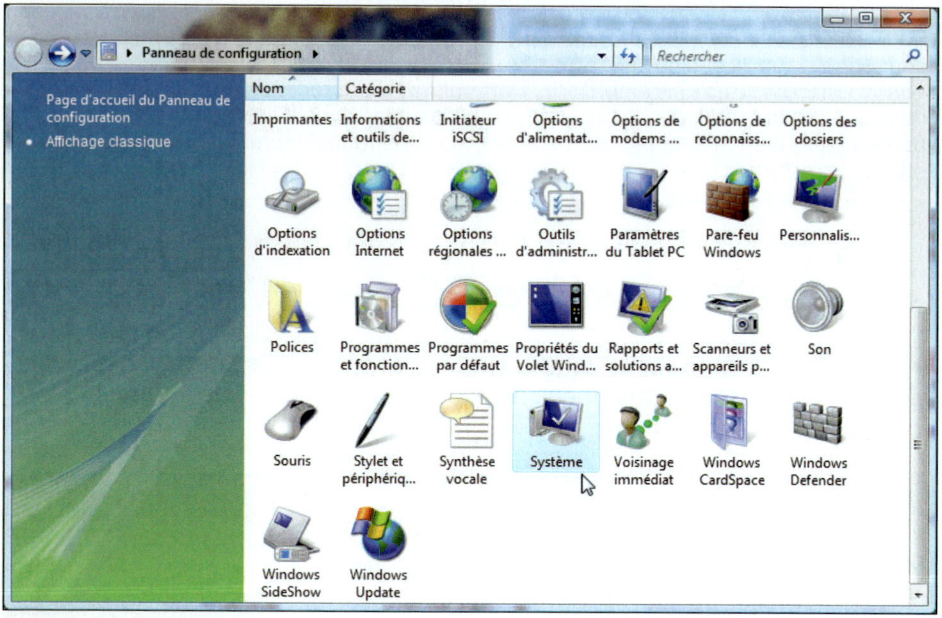

3 Dans la fenêtre qui s'affiche, sous la section *Système*, cliquez sur le lien *Indice de performance Windows*.

4 Une nouvelle fenêtre apparaît et plusieurs notes ont déjà été attribuées à vos composants. En effet, au terme de l'installation de Windows Vista, une évaluation des performances de votre système a déjà été effectuée. Cliquez sur le lien *Mettre à jour mon score* pour relancer la procédure d'analyse.

Mise à jour des scores

Lorsque vous installez un nouveau matériel, il est conseillé d'évaluer une nouvelle fois les performances de votre ordinateur pour vérifier les améliorations réelles apportées à votre système.

5 Au terme de cette opération, vous obtenez plusieurs scores et un score de base qui donnent une idée précise de la puissance de votre ordinateur sous Windows Vista.

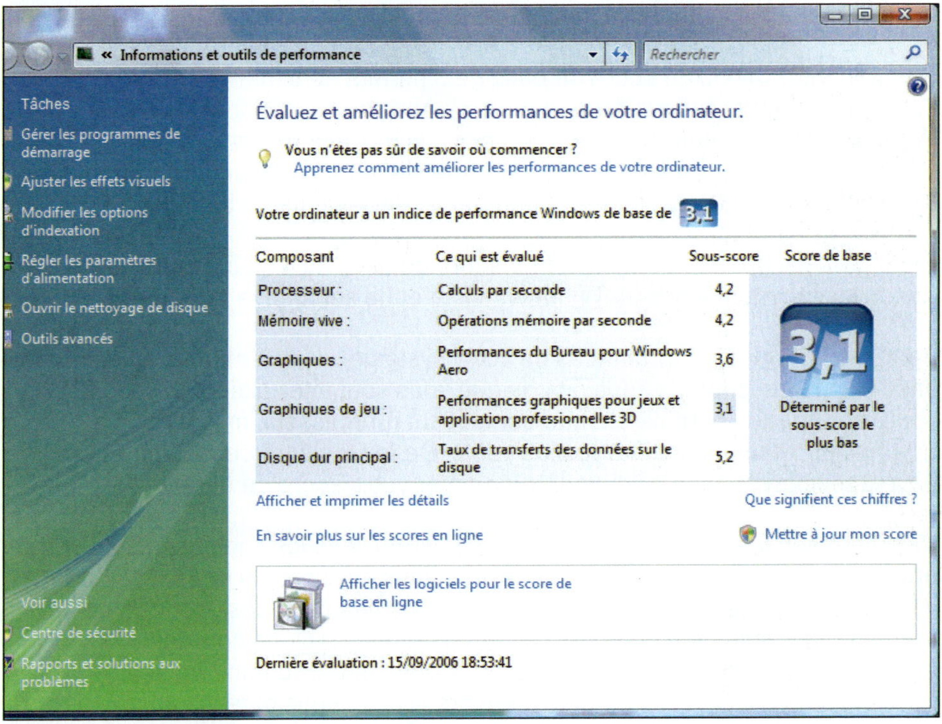

Le résultat obtenu mérite une explication. Tout d'abord, cinq types d'évaluation sont effectuées : le processeur (calculs par seconde), la mémoire vive (nombre d'opérations en mémoire par seconde), graphiques pour les performances de l'interface Windows Aero, graphiques pour les performances relatives aux jeux et aux applications 3D professionnelles, et le disque dur où se trouve installé Windows Vista (taux de transfert des données sur le disque). Chacune de ces évaluations correspond à un score, et la note la plus basse désigne le score de base. Ce dernier ne correspond pas à une moyenne de tous les scores mais bien au résultat de l'évaluation la plus faible.

À terme, les jeux et applications vendus dans le commerce afficheront un score, ce qui vous permettra de savoir si la puissance de votre ordinateur sera suffisante pour les exécuter correctement. Concrètement, un système doté d'un score de base situé entre 1 et 2 disposera d'une puissance suffisante pour exécuter la plupart des tâches basiques que l'on peut accomplir avec un outil informatique : traitement de texte, tableur, navigation sur Internet, etc. Toutefois, vous ne pourrez pas travailler dans l'environnement Windows Aero et exécuter la plupart des applications multimédias.

Un ordinateur doté d'un score de base de 3 permet de bénéficier de l'environnement Windows Aero et de la plupart des fonctionnalités de Windows Vista. Toutefois, certaines d'entre elles ne pourront pas être exécutées comme, par exemple, l'affichage simultané du thème Windows Aero sur plusieurs moniteurs ou la diffusion de la télévision haute définition.

Enfin, tous les ordinateurs dotés d'un score de base de 4 ou 5 peuvent supporter toutes les fonctionnalités de Windows Vista et de son thème Windows Aero.

Pour améliorer les performances de votre système, si vous obtenez un score de base trop faible pour les applications que vous souhaitez exécuter, vous devez vous reporter au score de chaque composant (processeur, mémoire vive, graphiques, etc.) et identifier le plus faible. De fait, ce sera celui-là que vous devrez remplacer en priorité pour augmenter votre score de base.

Bien entendu, il n'est pas nécessaire d'améliorer tous les composants de votre ordinateur. Il suffit de remplacer ceux dont vous avez besoin en fonction de votre utilisation de l'outil informatique et de vos besoins. Ainsi, pour un travail bureautique (traitement de texte, base de données, tableur, courrier électronique, recherche sur Internet, etc.), vous devrez obtenir un score important pour le processeur et la mémoire vive. Si vous obtenez un score de 2 pour le disque dur et les graphiques (Aero et les jeux), cela s'avère suffisant pour accomplir des tâches bureautiques.

Si vous utilisez principalement votre ordinateur pour jouer ou exécuter des programmes graphiques (édition vidéo par exemple), vous devrez obtenir des scores importants dans les sections suivantes : mémoire vive et graphiques pour le Bureau Windows Aero et les jeux. En ce qui concerne le processeur et le disque dur, un score de 3 s'avère suffisant.

Enfin, pour les applications multimédias, tel l'enregistrement de la télévision haute définition, les scores les plus hauts doivent être atteints pour le processeur, le disque dur et les graphiques du Bureau Windows Aero. Les catégories mémoire vive et graphiques de jeu, quant à elles, peuvent se contenter d'un score de 3.

Mise à jour *de votre équipement*

Un ordinateur représente un ensemble de composants assemblés en kit. Dans ces conditions, il s'avère assez simple de remplacer vous-même votre matériel si vous souhaitez améliorer votre score de base ou exploiter certaines fonctionnalités de Windows Vista.

Par exemple, si vous êtes un adepte des jeux informatiques, vous devrez améliorer le score dédié aux graphiques de jeu pour obtenir de meilleures performances au niveau de l'affichage vidéo. Dans ce cas, la technique consiste simplement à enficher une carte spécifique sur un port particulier de la carte mère. Dans un second temps, il suffit de connecter votre écran à la prise de votre nouvelle carte. Celle-ci sera généralement détectée ensuite sans difficulté par Windows Vista.

En ce qui concerne les disques durs, les lecteurs CD/DVD ou les graveurs, l'opération est sensiblement différente. Dans ce cas, il existe plusieurs câbles à relier, ce qui rend la procédure un peu plus compliquée. Pour illustrer cette opération, nous ajouterons ici à une configuration un graveur DVD.

Cet exemple n'est pas pris au hasard car une des nouvelles fonctionnalités de Windows Vista consiste à graver directement des supports DVD. Si vous possédez un graveur CD, vous avez intérêt à le remplacer par un graveur de DVD.

Si vous faites partie des utilisateurs effrayés à l'idée d'ouvrir leur machine, voici un pas à pas détaillé pour brancher correctement un graveur DVD interne dans la tour de votre PC. Sans oublier bien sûr les réglages logiciels à effectuer avant de pouvoir exploiter votre nouveau matériel.

Il est préférable d'effectuer cette opération avant la migration vers Windows Vista. Ainsi, la configuration de votre nouveau matériel s'effectuera automatiquement pendant l'installation de votre nouveau système d'exploitation.

1 Éteignez votre ordinateur et mettez votre machine hors tension.

2 Ouvrez le capot de votre tour ou de votre boîtier.

3 Repérez les emplacements pour les lecteurs de type CD-ROM.

4 Enlevez un cache sur la façade de votre tour pour y glisser le graveur.

5 Insérez dans cet emplacement votre lecteur de DVD en partant de la façade vers l'intérieur.

6 Vissez soigneusement le graveur avec quatre vis.

7 Branchez son alimentation.

8 Connectez la nappe IDE en évitant de brancher votre graveur sur la même nappe que l'un de vos disques durs. Ne forcez pas lorsque vous branchez la nappe.

Maître ou esclave

Les cartes mères modernes se chargent de définir la position de vos périphériques sur une nappe IDE. Si ce n'est pas le cas, utilisez les cavaliers accessibles sur la partie arrière du graveur pour positionner votre graveur en maître ou en esclave. Bien entendu, si vous avez deux périphériques sur une même nappe (un graveur DVD et un lecteur DVD, par exemple), les deux ne pourront avoir la même position.

9 Rallumez votre machine.

10 Accédez au BIOS de votre machine. Si nécessaire, reportez-vous au guide de votre carte mère ou recherchez sur l'écran de démarrage le message qui indique la touche permettant de lancer le setup (généralement Suppr ou F2).

11 Une fois dans le BIOS, recherchez la section *Hardware*. Vous y verrez apparaître le modèle de vos disques durs et lecteurs, dont celui du graveur.

12 Quittez le BIOS sans sauvegarder et redémarrez la machine.

Passons à la vérification de l'installation sous Windows :

1 Si tout se passe correctement, Windows détecte automatiquement le graveur et procède à l'installation des pilotes.

2 Si Windows ne lance pas de procédure d'installation, allez dans le Panneau de configuration.

3 Cliquez sur l'icône *Système* et choisissez l'onglet **Matériel**.

4 Cliquez sur le bouton **Gestionnaire des périphériques** et recherchez votre graveur dans la section *Lecteurs de CD-Rom/DVD-Rom*.

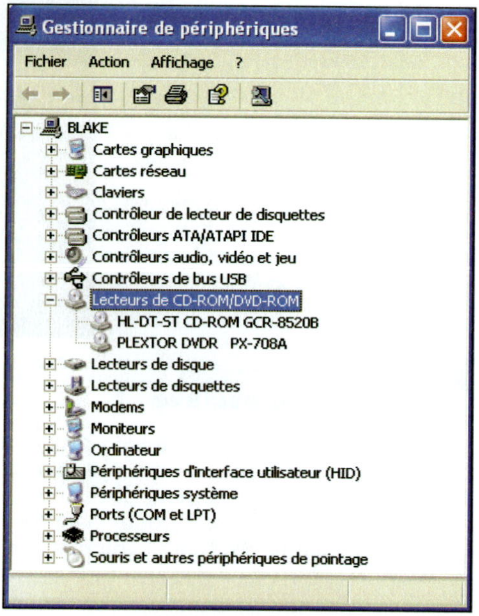

Vous n'aurez probablement pas à installer des pilotes pour votre graveur sous Windows XP, et encore moins sous Windows Vista. Mais si l'installation automatique échoue, vous serez amené à le faire manuellement. Dès lors, voici la procédure à suivre :

Si un CD est fourni avec le graveur, l'opération ne présente aucune difficulté et vous serez fort bien guidé. Toutefois, les pilotes ne sont pas toujours fournis. Dans ce cas, la procédure sera un peu plus longue.

1 Munissez-vous des références de votre lecteur/graveur de DVD.

2 Connectez-vous sur le site web du fabricant et recherchez la section *Pilotes/Drivers*.

3 Recherchez les pilotes correspondant à votre modèle et téléchargez-les.

4 Si le fichier contient une procédure d'installation, exécutez-la. Si vous obtenez une archive sans fichier exécutable, décompressez-la dans le répertoire de votre choix.

5 Ouvrez le Panneau de configuration et retournez dans le Gestionnaire de périphériques que nous avons vu précédemment.

6 Cliquez du bouton droit sur votre graveur dans la liste et sélectionnez la commande **Mise à jour des pilotes** à partir du menu contextuel.

7 Cochez l'option *Installer à partir d'un emplacement spécifié*.

8 Sélectionnez l'emplacement sur votre disque dur où vous avez stocké les pilotes précédemment téléchargés.

9 Lancez la procédure d'installation des pilotes.

Chapitre 3

Préparer la migration

Après l'évaluation des performances de votre matériel, la dernière étape précédant la migration vers Windows Vista consiste à préparer l'installation du nouveau système. Il convient effectivement de ne perdre aucune donnée pendant cette opération délicate. Vous devez effectuer des sauvegardes et vérifier l'intégrité de vos fichiers pour les réexploiter ensuite sans difficulté dans le nouvel environnement de travail.

Vérifier l'intégrité du système et des fichiers

Pour réussir votre migration vers Windows Vista, vous devez préparer le terrain afin d'installer votre nouveau système dans un environnement compatible, ce qui vous permettra entre autres de continuer d'accéder sans obstacle à toutes les données réparties sur vos disques et partitions. Mais avant de convertir, si nécessaire, vos systèmes de fichiers, vous devez vous assurer qu'il n'existe pas d'erreur d'accès à vos documents et dossiers. Windows XP intègre de nombreux outils pour effectuer ce type de contrôle et, le cas échéant, résoudre certaines erreurs au niveau de votre système de fichiers.

Résoudre *les erreurs existantes*

Si vous envisagez d'effectuer une mise à jour de Windows XP pour passer dans l'environnement de Windows Vista sans tout réinstaller et tout reparamétrer, il s'avère nécessaire de disposer au départ d'un système sain qui ne contient aucune erreur.

Si vous rencontrez certains messages d'erreur en utilisant votre système actuel, il n'est raisonnablement pas possible d'effectuer une migration vers Windows Vista en adoptant la technique de la mise à jour. De plus, si ces erreurs concernent vos composants matériels, il n'est pas conseillé d'effectuer votre migration, même si vous réalisez une installation complète en réinstallant toutes vos applications et en paramétrant de nouveau votre système.

Voyons le type d'erreur que vous pouvez rencontrer avec Windows XP et les pistes à adopter pour les résoudre afin de réaliser votre migration dans les meilleures conditions.

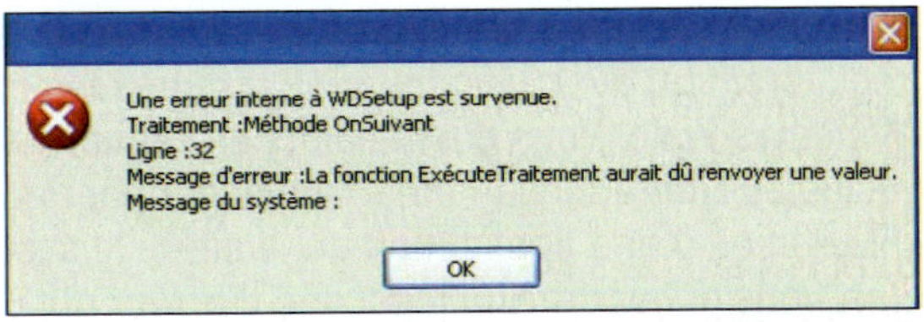

Selon les erreurs que vous rencontrez, vous obtenez des messages expliquant l'origine du problème. La technique consiste donc à tenter de déchiffrer ces messages qui, parfois, ne sont pas très explicites.

La première catégorie d'erreur constitue plutôt un avertissement et ne mettra pas en péril votre procédure de migration vers Windows Vista si vous vous conformez aux indications des messages d'alerte que vous obtiendrez. Par exemple, si le système vous prévient que vous allez effacer un fichier indispensable au bon fonctionnement de Windows XP, inutile d'insister, cliquez sur le bouton **Annuler** pour abandonner l'opération. Une telle action entraînera parfois des dysfonctionnements irrémédiables qui peuvent, entre autres, rendre instable votre environnement de travail, ce qui ne constitue pas une bonne base pour effectuer votre migration en réalisant une mise à jour d'un système auquel il manque des fichiers indispensables.

Un autre type d'erreur, plus grave, peut empêcher l'exécution d'une application ou l'arrêt du système. Dans les deux cas, vous pouvez obtenir un message spécifique indiquant, par exemple, le nom du programme qui a provoqué l'erreur.

Bien souvent, le message peut apparaître en anglais et présenter des indications techniques qui ne vous seront d'aucune utilité pour éviter que cela ne se reproduise. Toutefois, si le nom de l'application est clairement indiquée et que ce ne soit pas la première fois que vous rencontrez un problème lors de son exécution, la meilleure technique pour résoudre ce dysfonctionnement, sans trop perdre votre temps à en trouver la raison, consiste à désinstaller l'application correspondante et à redémarrer votre ordinateur. Effectuez ensuite votre migration vers Windows Vista et tentez de réinstaller le programme dans le nouvel environnement.

Si vous rencontrez des dysfonctionnements au niveau du système, et non plus avec les programmes que vous utilisez, votre procédure de migration s'avère bien compromise et vous devez obligatoirement résoudre ces problèmes avant d'installer Windows Vista. De fait, ce type d'erreur, si elle se produit régulièrement avec Windows XP, a toutes les chances de se reproduire sous Windows Vista. Vous devrez alors en rechercher les causes et elles peuvent être multiples : matériel non compatible, périphériques en conflit, pilote non supporté, installation d'une application qui a altéré le système, etc. Dans le meilleur des cas, vous obtiendrez un message d'erreur qui peut vous mettre sur la piste pour résoudre le problème : désinstallation d'un périphérique, changement d'une barre mémoire défectueuse, etc. Dans certains cas, vous obtiendrez, lors du plantage général du système, un rapport technique, en anglais, qui s'affiche sur fond bleu. Il sera alors impossible de retourner sous Windows et, si vous n'aviez pas sauvegardé votre travail auparavant, celui-ci sera perdu.

```
*** STOP: 0x0000001E (0x80000003,0x80106fc0,0x8025ea21,0xfd6829e8)
Unhandled Kernel exception c0000047 from fa8418b4 (8025ea21,fd6829e8)

Dll Base Date Stamp - Name              Dll Base Date Stamp - Name
80100000 2be154c9 - ntoskrnl.exe        80400000 2bc153b0 - hal.dll
80258000 2bd49628 - ncrc710.sys         8025c000 2bd49688 - SCSIPORT.SYS
80267000 2bd49683 - scsidisk.sys        802a6000 2bd496b9 - Fastfat.sys
fa800000 2bd49666 - Floppy.SYS          fa810000 2bd496db - Hpfs_Rec.SYS
fa820000 2bd49676 - Null.SYS            fa830000 2bd4965a - Beep.SYS
fa840000 2bdaab00 - i8042prt.SYS        fa850000 2bd5a020 - SERMOUSE.SYS
fa860000 2bd4966f - kbdclass.SYS        fa870000 2bd49671 - MOUCLASS.SYS
fa880000 2bd9c0be - Videoprt.SYS        fa890000 2bd49638 - NCC1701E.SYS
fa8a0000 2bd4a4ce - Vga.SYS             fa8b0000 2bd496d0 - Msfs.SYS
fa8c0000 2bd496c3 - Npfs.SYS            fa8e0000 2bd496c9 - Ntfs.SYS
fa940000 2bd496df - NDIS.SYS            fa930000 2bd49707 - wdlan.sys
fa970000 2bd49712 - TDI.SYS             fa950000 2bd5a7fb - nbf.sys
fa980000 2bd72406 - streams.sys         fa9b0000 2bd4975f - ubnb.sys
fa9c0000 2bd5bfd7 - usbser.sys          fa9d0000 2bd4971d - netbios.sys
fa9e0000 2bd49678 - Parallel.sys        fa9f0000 2bd4969f - serial.SYS
faa00000 2bd49739 - mup.sys             faa40000 2bd4971f - SMBTRSUP.SYS
faa10000 2bd6f2a2 - srv.sys             faa50000 2bd4971a - afd.sys
faa60000 2bd6fd80 - rdr.sys             faaa0000 2bd49735 - bowser.sys

Address dword dump Dll Base                                      - Name
801afc20 80106fc0 80106fc0 00000000 00000000 80149905 : fa840000 - i8042prt.SYS
801afc24 80149905 80149905 ff8e6b8c 80129c2c ff8e6b94 : 8025c000 - SCSIPORT.SYS
801afc2c 80129c2c 80129c2c ff8e6b94 00000000 ff8e6b94 : 80100000 - ntoskrnl.exe
801afc34 801240f2 80124f02 ff8e6df4 ff8e6f60 ff8e6c58 : 80100000 - ntoskrnl.exe
801afc54 80124f16 80124f16 ff8e6f60 ff8e6c3c 8015ac7e : 80100000 - ntoskrnl.exe
801afc64 8015ac7e 8015ac7e ff8e6df4 ff8e6f60 ff8e6c58 : 80100000 - ntoskrnl.exe
```

Quoi qu'il en soit, avec les informations que contient un tel rapport d'erreur, il est souvent possible de trouver l'origine du dysfonctionnement. Il existe effectivement des situations bien connues et certains messages vous indiqueront immédiatement quelle technique adopter pour dépanner votre système avant d'effectuer votre migration. Dès lors, prêtez attention aux premières lignes du rapport qui contiennent généralement l'explication du dysfonctionnement. Vous pouvez, par exemple et dans les cas les plus fréquents, trouver ce type de message :

- *Attempted Write To Readonly Memory* : erreur d'accès en écriture à une partie de la mémoire accessible en lecture seule. Recherchez la cause de la panne du côté des pilotes matériels. Si le nom d'une application est indiqué, désinstallez-la.
- *Bad Pool Caller* : erreur d'un appel vers le système. Cela signifie probablement qu'un pilote matériel doit être réinstallé. Il s'avère parfois même nécessaire, lorsqu'il s'agit d'un problème matériel, de débrancher vos périphériques avant de redémarrer Windows XP.
- *Driver IRQL Not Less Or Equal* : erreur de calcul. L'origine du problème provient, là encore, d'une erreur matériel. Il convient de réinstaller le pilote correspondant, voire de désactiver le périphérique qui cause ce type de problème.
- *Inaccessible Boot Device* : un tel message ne s'affiche qu'au démarrage du système, lorsque Windows XP ne peut accéder à des fichiers nécessaires pour démarrer votre machine. L'erreur peut provenir d'un problème du disque dur principal, ou d'un fichier système endommagé ou absent (en général, le fichier *boot.ini*).
- *Kernel Data Inpage Error* (ou *Kernel Stack Inpage Error*) : l'erreur s'est produite au niveau de la mémoire virtuelle de Windows XP (appelée aussi fichier swap). Elle peut être causée, plus rarement, par une erreur matérielle. Dans ce cas, l'un de ces trois composants est en cause : barrette de mémoire vive, disque dur ou carte mère.
- *Unexpected Kernel Mode Trap* : l'erreur a été causée par un dysfonctionnement de la mémoire vive ou une erreur sur la carte mère. Un tel message n'est pas obligatoirement produit suite à une panne matérielle. En fait, si vous avez overclocké votre processeur pour gagner de la puissance, il suffira certainement de diminuer la valeur de vos réglages pour retrouver un système stable.

Il existe d'autres messages d'erreur qui ne s'affichent pas directement à l'écran mais peuvent être utiles pour mieux comprendre l'origine d'un dysfonctionnement.

Windows XP dispose d'un journal des événements qui enregistre, entre autres, tous les dysfonctionnements qui se produisent pendant l'utilisation de votre système. Pour l'utiliser :

1 Ouvrez le Panneau de configuration de Windows XP en sélectionnant son nom à partir du menu **Démarrer** de la Barre des tâches.

2 Dans la fenêtre qui apparaît, cliquez sur le lien *Basculer vers l'affichage classique* proposé dans le menu de gauche, sous la section *Panneau de configuration.*

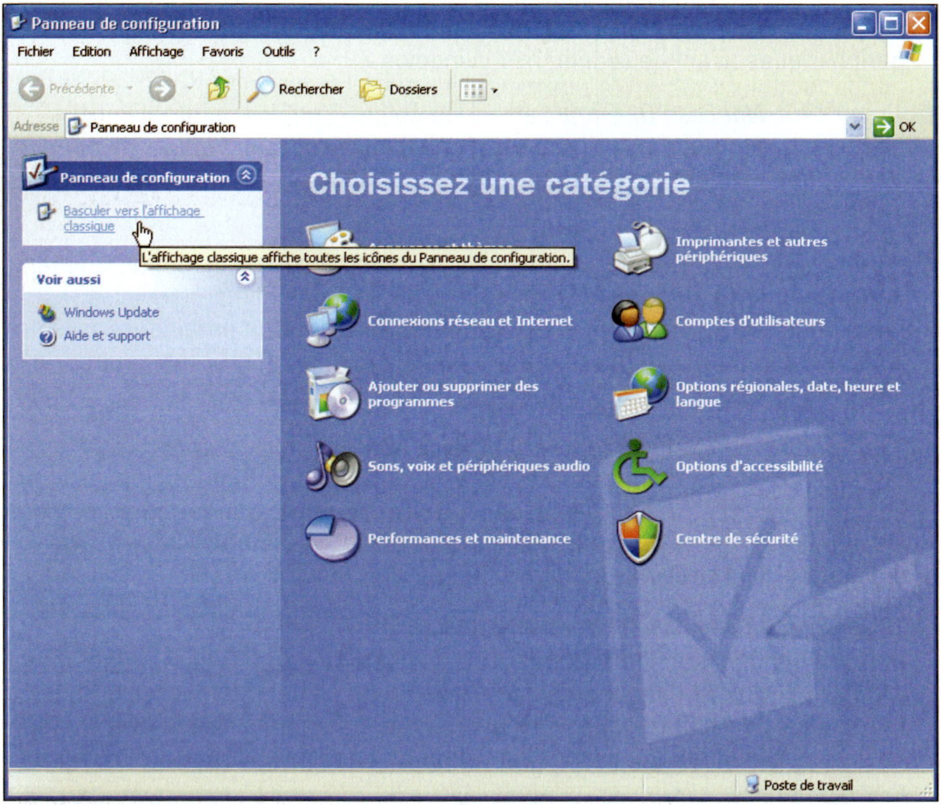

3 Double-cliquez sur l'icône *Outils d'administration* pour accéder aux différents modules d'administration de votre système.

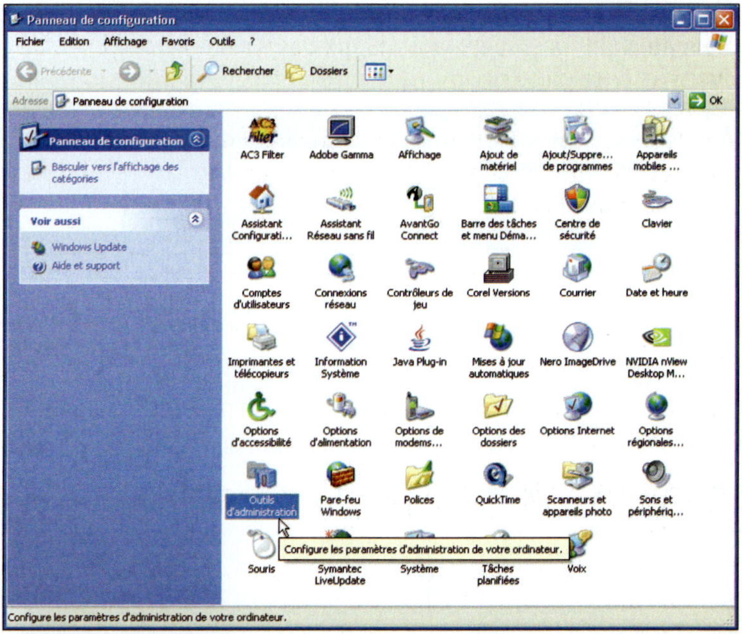

4 Pour accéder aux journaux enregistrant tous les événements qui se produisent pendant l'utilisation du système, double-cliquez sur l'icône *Observateur d'événements*.

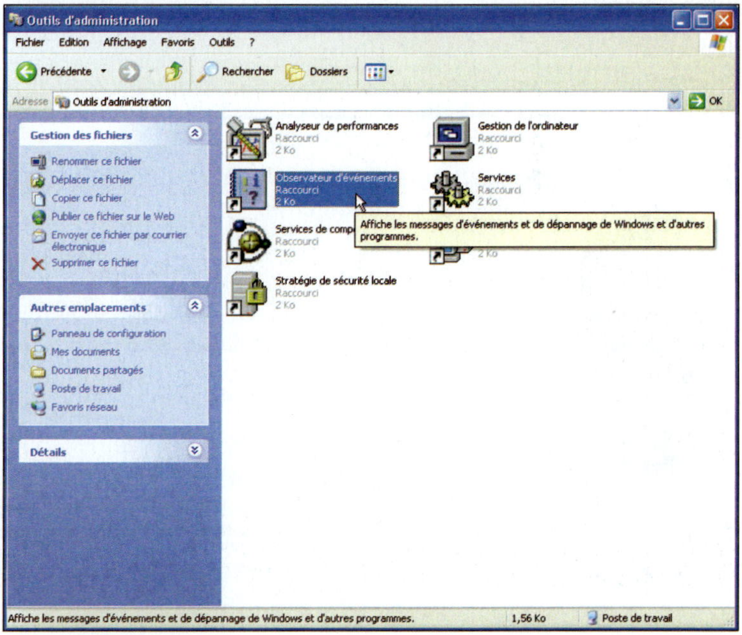

5 La fenêtre de l'Observateur d'événements s'affiche immédiatement. Vous disposez de trois sections distinctes :

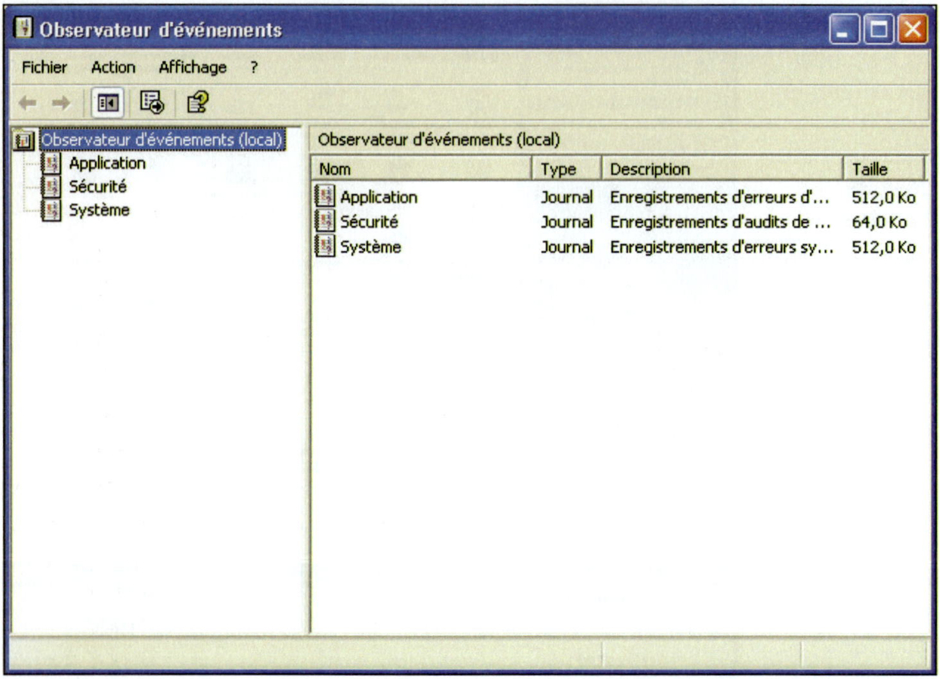

- *Application* : enregistrement des événements qui concernent tous les programmes installés sur votre système.
- *Sécurité* : enregistrement des événements qui concernent la sécurité de votre système. Par exemple, si une personne non autorisée tente de démarrer Windows XP avec votre compte, cette tentative sera enregistrée dans le journal de sécurité.
- *Système* : enregistrement des événements qui concernent uniquement le fonctionnement de Windows XP et celui de tous ses composants intégrés. Cette section vous sera fort utile pour détecter, entre autres, des erreurs matériel (une imprimante ou un modem, par exemple, qui ne fonctionne pas). Vous serez ainsi informé de l'absence d'un pilote ou de la présence d'un fichier système endommagé que Windows ne peut exécuter au démarrage.

6 Pour afficher les événements enregistrés dans un des trois journaux proposés, cliquez sur celui de votre choix. Tous les événements enregistrés apparaissent dans le cadre de droite :

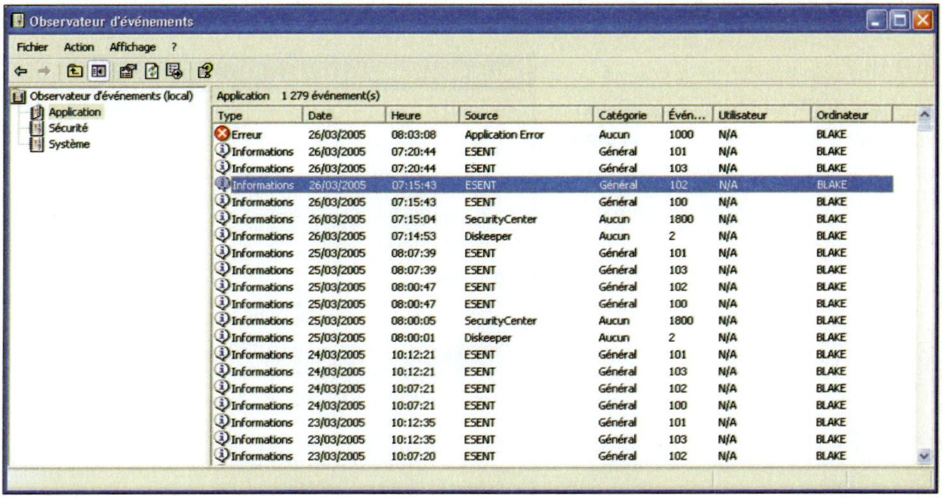

Type	Date	Heure	Source	Catégorie	Évén...	Utilisateur	Ordinateur
Erreur	26/03/2005	08:03:08	Application Error	Aucun	1000	N/A	BLAKE
Informations	26/03/2005	07:20:44	ESENT	Général	101	N/A	BLAKE
Informations	26/03/2005	07:20:44	ESENT	Général	103	N/A	BLAKE
Informations	26/03/2005	07:15:43	ESENT	Général	102	N/A	BLAKE
Informations	26/03/2005	07:15:43	ESENT	Général	100	N/A	BLAKE
Informations	26/03/2005	07:15:04	SecurityCenter	Aucun	1800	N/A	BLAKE
Informations	26/03/2005	07:14:53	Diskeeper	Aucun	2	N/A	BLAKE
Informations	25/03/2005	08:07:39	ESENT	Général	101	N/A	BLAKE
Informations	25/03/2005	08:07:39	ESENT	Général	103	N/A	BLAKE
Informations	25/03/2005	08:00:47	ESENT	Général	102	N/A	BLAKE
Informations	25/03/2005	08:00:47	ESENT	Général	100	N/A	BLAKE
Informations	25/03/2005	08:00:05	SecurityCenter	Aucun	1800	N/A	BLAKE
Informations	25/03/2005	08:00:01	Diskeeper	Aucun	2	N/A	BLAKE
Informations	24/03/2005	10:12:21	ESENT	Général	101	N/A	BLAKE
Informations	24/03/2005	10:12:21	ESENT	Général	103	N/A	BLAKE
Informations	24/03/2005	10:07:21	ESENT	Général	102	N/A	BLAKE
Informations	24/03/2005	10:07:21	ESENT	Général	100	N/A	BLAKE
Informations	23/03/2005	10:12:35	ESENT	Général	101	N/A	BLAKE
Informations	23/03/2005	10:12:35	ESENT	Général	103	N/A	BLAKE
Informations	23/03/2005	10:07:20	ESENT	Général	102	N/A	BLAKE

- *Type* : nature de l'événement relatif au niveau de gravité (erreur, information ou avertissement). Une erreur désigne un problème grave pouvant déboucher, par exemple, sur la perte de vos données. En général, ce type d'événement se produit lorsqu'un service ne peut être exécuté au démarrage du système. Le type *Avertissement*, lui, est beaucoup moins grave que le précédent, mais il ne faut pas le négliger car la situation peut se détériorer avec le temps et générer des erreurs. Par exemple, lorsque l'espace libre sur votre disque devient insuffisant, un avertissement apparaît dans la liste des événements. Enfin, le type *Information* correspond à un événement normal, sans erreur. Par exemple, au démarrage du système, vous obtenez une série d'informations pour vous indiquer le chargement de tous les pilotes nécessaires au fonctionnement de vos périphériques.
- *Date* : date à laquelle l'événement est apparu.
- *Heure* : heure à laquelle l'événement est apparu.
- *Source* : nom de l'application qui a enregistré l'événement.
- *Catégorie* : information supplémentaire donnée par l'application qui a enregistré l'événement et précise son niveau de gravité.

- *Événement* : identifiant du type d'événement qui s'est produit.
- *Utilisateur* : nom de l'utilisateur à l'origine de l'événement.
- *Ordinateur* : nom de l'ordinateur.

7 Pour en savoir plus sur un événement, double-cliquez sur la ligne correspondante. Une boîte de dialogue s'affichera avec une description plus détaillée de ce qui s'est passé.

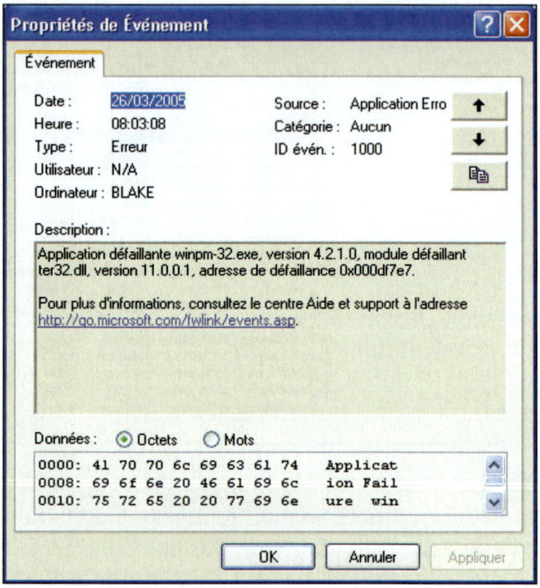

Parfois, les informations obtenues par le biais de l'Observateur d'événements seront trop complexes pour vous permettre de résoudre pas vous-même certaines erreurs. Néanmoins, elles pourront être utiles au support technique que vous contacterez (Microsoft, le constructeur d'un périphérique défaillant voire l'éditeur d'une application que vous n'arrivez pas à exécuter correctement).

Sachez que la plupart des dysfonctionnements du système proviennent d'un problème matériel, plus particulièrement d'un pilote mal installé ou mal adapté. Dans le cas où le pilote incriminé n'a pas été conçu pour Windows XP, il existe une technique efficace pour résoudre la situation :

1 Dans la boîte de dialogue **Propriétés système**, cliquez sur l'onglet **Matériel**.

2 Cliquez sur le bouton **Gestionnaire de périphérique**.

3 Dans la liste du matériel qui s'affiche, double-cliquez sur le périphérique qui pose problème.

4 Une nouvelle boîte de dialogue apparaît. Cliquez sur le bouton **Revenir à la version précédente** disponible sous l'onglet **Pilote**.

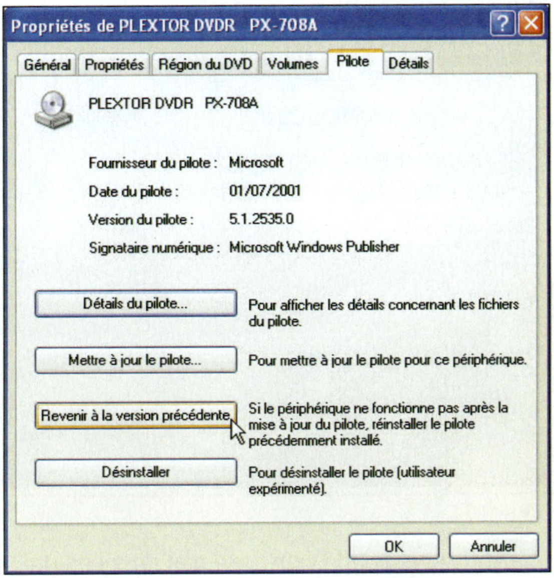

Les erreurs de disque dur sont également légion et peuvent faire échouer, elles aussi, toute tentative de migration. Toutefois, il existe un moyen simple de contrôler l'intégrité de vos disques et de leur contenu. Il suffit d'adopter une commande intégrée à Windows XP et de l'exécuter en mode Texte. En cas d'erreur, vous pourrez également effectuer une réparation en toute simplicité. Procédez ainsi :

1 Sélectionnez la commande **Programmes/ Accessoires/ Invite de commandes** du menu **Démarrer** de la Barre des tâches de Windows pour ouvrir la console de Windows.

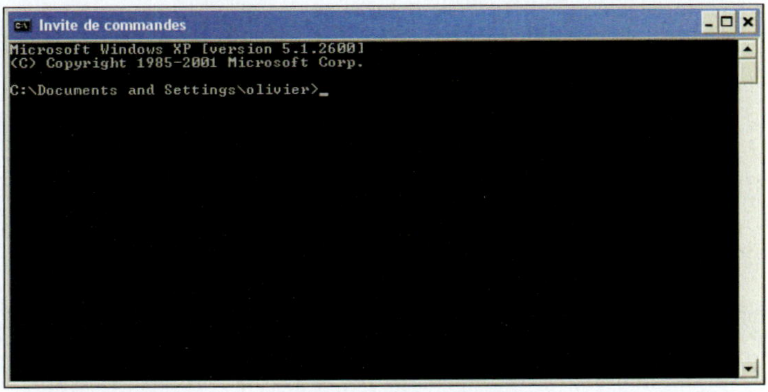

2 Saisissez la commande `chkdsk`. Validez par la touche Entrée pour démarrer le processus de vérification de la partition.

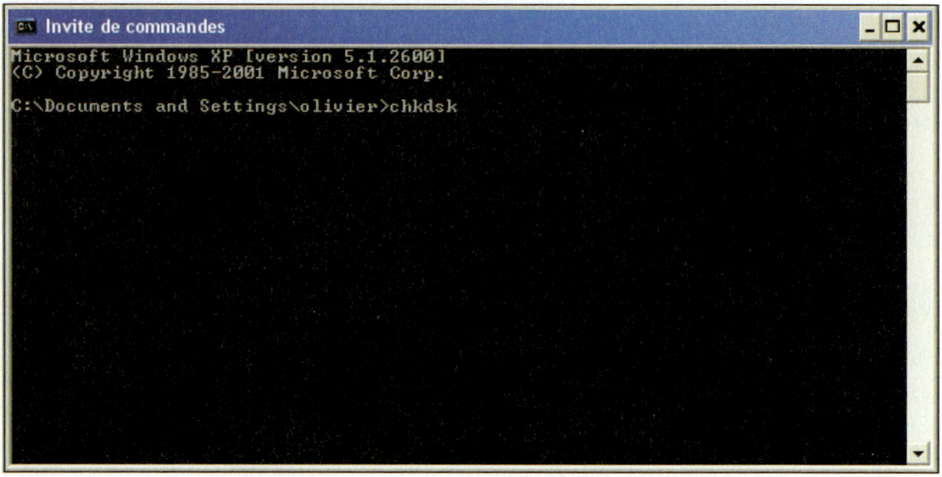

3 Windows vérifie l'intégrité des données de la partition. Si aucun problème n'est détecté, il affichera le message *Windows a vérifié le système de fichiers sans trouver de problème*. Refermez alors la console en cliquant sur la croix située à droite dans la barre des titres de la fenêtre.

Si Windows trouve des problèmes, vous devez relancer cette commande en ajoutant l'option */F* pour que le système puisse réparer automatiquement les erreurs (`chkdsk /F`).

Enfin, pour vérifier une partition différente de celle du disque principal C, il suffit d'indiquer l'unité du lecteur en la faisant suivre de deux points, sous cette forme par exemple pour le contrôle du lecteur D : `chkdsk d:`.

Pour terminer, voici les sept options que vous pouvez utiliser avec la commande **chkdsk** :

Options de la commande chkdsk

Options	Signification
/F	Répare automatiquement les erreurs du disque.
/V	Pour les systèmes de fichiers FAT/FAT32, affiche les chemins d'accès et nom complets de tous les fichiers du disque. Sur les systèmes de fichiers NTFS, affiche en plus les éventuels messages de nettoyage.
/L:taille	S'utilise avec les systèmes de fichiers NTFS uniquement. Permet de changer la taille du fichier journal en une valeur spécifiée en kilooctets. Si aucune taille n'est indiquée, affiche la taille actuelle.
/X	Force le démontage préalable du volume si cela s'avère nécessaire. Les handles ouverts vers le volume ne seront plus valides (à utiliser avec /F).
/I	S'utilise avec les systèmes de fichiers NTFS uniquement. Vérifie sommairement les entrées d'index.
/C	S'utilise avec les systèmes de fichiers NTFS uniquement. Ignore la vérification des cycles à l'intérieur de l'arborescence de dossiers.
R/	Localise les secteurs défectueux et récupère les informations lisibles (à utiliser avec /F).

Dépanner les erreurs *de périphérique*

Certains périphériques peuvent générer des dysfonctionnements, voire des pannes qui apparaissent dès le démarrage de votre ordinateur. Si c'est le cas, il n'est pas question d'effectuer la migration du système avant de résoudre ce type d'erreur.

La première technique pour remédier à un tel problème consiste à redémarrer votre système en déconnectant les derniers périphériques que vous avez installés. Et si la situation s'améliore après avoir retiré un équipement particulier, reportez-vous à sa documentation pour vérifier qu'il n'existe pas un réglage spécifique permettant d'éviter les dysfonctionnements que vous rencontrez.

Vous pouvez également connecter votre matériel à un port différent. Cela suffit parfois à résoudre bien des problèmes.

Enfin, rien ne vous empêche de contacter le service technique du constructeur concerné. Celui-ci devrait vous indiquer la marche à suivre pour installer correctement votre appareil sans provoquer des erreurs au démarrage de votre système. Le cas échéant, vous devrez peut-être envoyer votre matériel au service après-vente du constructeur pour effectuer une réparation ou vous le faire échanger.

Si les techniques précédentes n'ont pas été suffisantes pour résoudre vos problèmes de démarrage, il convient d'intervenir directement dans la configuration du BIOS de votre ordinateur. Il en existe de plusieurs modèles, mais les commandes proposées sont généralement les mêmes et elles sont présentées de la même façon. Dans tous les cas, vous pourrez désactiver ainsi certaines fonctions ou des ports de communication qui peuvent générer des erreurs pendant l'exécution du système.

Le BIOS

Le BIOS correspond à un dispositif logiciel permettant de rendre opérationnel votre ordinateur en détectant votre matériel dès que vous démarrez votre ordinateur, juste avant le chargement du système d'exploitation. Attention, modifier la configuration du BIOS est toujours risqué. En cas de mauvaise manipulation, votre ordinateur peut ne plus démarrer. Si cela arrive, reportez-vous au manuel de votre carte mère. Celui-ci vous indiquera la procédure à suivre pour réinitialiser votre BIOS et retrouver sa configuration d'usine.

En général, la procédure d'accès au BIOS reste identique pour presque toutes les machines, mais les commandes de désactivation d'une fonctionnalité particulière ou d'un port de communication de votre ordinateur peuvent varier selon le type de BIOS utilisé. C'est pourquoi vous devrez consulter le manuel de votre carte mère pour modifier certains paramètres qui permettront de résoudre vos problèmes au démarrage de votre ordinateur. Procédez ainsi :

1 Démarrez votre ordinateur.

2 Pressez une touche spécifique de votre clavier au tout début du processus de démarrage. Pour connaître cette touche, reportez-vous à la documentation de votre carte mère. Notez toutefois que cette information s'affiche généralement à l'écran dès le premières secondes après avoir démarré votre ordinateur. Si vous ne savez pas sur quelle touche appuyer, la touche Suppr devrait fonctionner dans la plupart des cas.

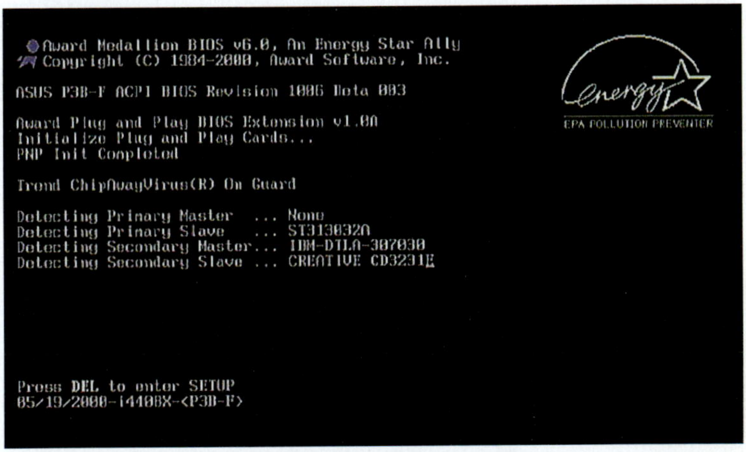

3 L'interface principale du BIOS apparaît immédiatement. Utilisez les flèches de direction de votre clavier pour vous déplacer d'une section à l'autre. La souris ne fonctionne pas sous l'interface du BIOS.

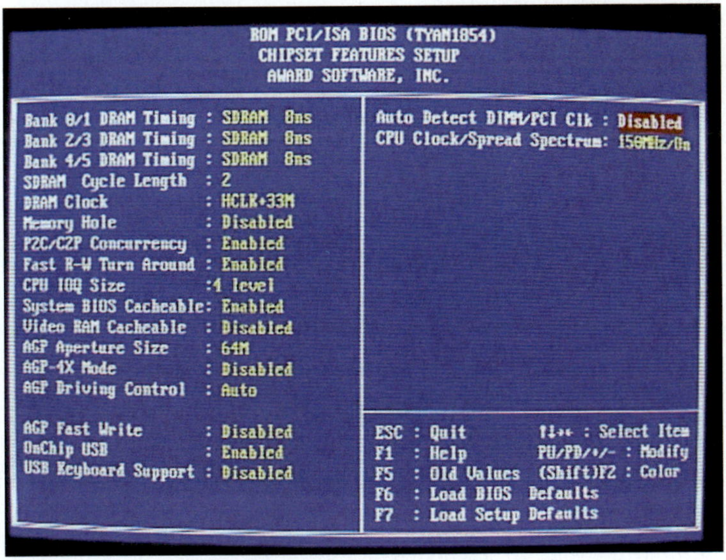

4 Sélectionnez la rubrique de votre choix et enfoncez la touche Entrée pour accéder aux commandes qu'elle propose.

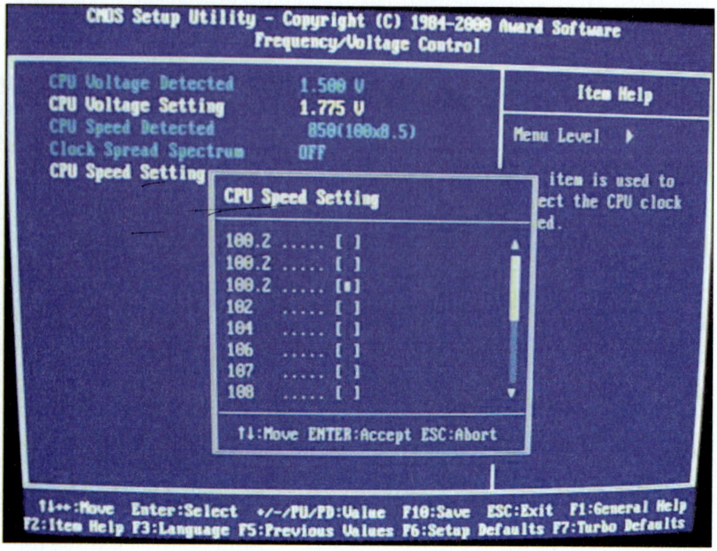

5 Modifiez les options qui vous intéressent. Elles vous permettront, par exemple, de désactiver une fonction susceptible d'empêcher votre système de démarrer correctement. N'hésitez pas à vous reporter au manuel de votre carte mère à ce sujet. En effet, vous trouverez souvent une section consacrée au dépannage et plusieurs commandes vous seront indiquées pour désactiver certaines options qui peuvent bloquer le démarrage de votre ordinateur en fonction du matériel que vous utilisez.

6 Pressez la touche Echap pour revenir à la fenêtre d'accueil du BIOS.

7 Pour enregistrer votre nouvelle configuration, sélectionnez la ligne *Save & Exit Setup* et validez par Entrée le message de confirmation qui apparaît.

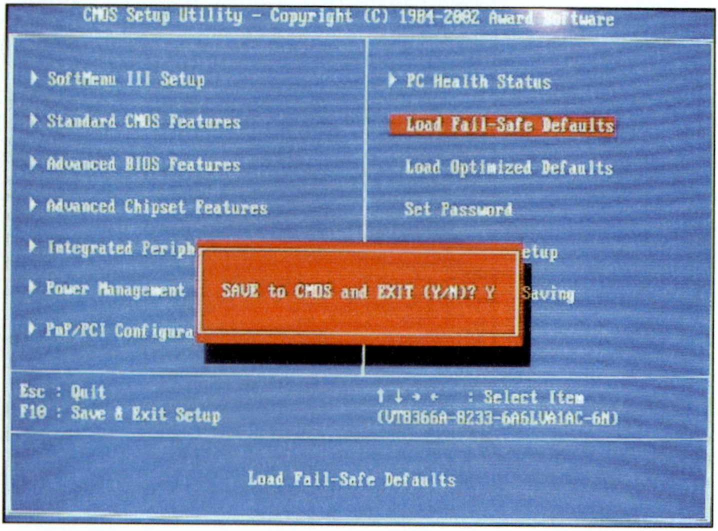

L'ordinateur redémarrera automatiquement après et la nouvelle configuration sera immédiatement fonctionnelle.

Vérifier la configuration multimédia

Windows Vista, et plus particulièrement son interface Windows Aero, utilise intensivement les ressources multimédias de votre ordinateur. C'est pourquoi avant d'effectuer votre migration, il est utile de contrôler, avec un outil intégré à Windows XP, différents paramètres qui s'avèrent essentiels pour le bon fonctionnement de vos programmes multimédias.

L'utilitaire Dxdiag a été conçu pour tester les fonctionnalités multimédias de votre système. Ainsi, vous pourrez savoir si vous disposez d'un environnement suffisamment stable pour exécuter sans difficulté Windows Vista. Dxdiag vous permettra également de détecter rapidement l'origine d'un problème pour, le cas échéant, réinstaller un pilote graphique ou audio avant d'effectuer votre migration. Procédez ainsi :

1 Sélectionnez la commande **Exécuter** du menu **Démarrer** de la Barre des tâches de Windows.

2 Dans la boîte de dialogue qui s'affiche, saisissez l'instruction `dxdiag` et validez par OK.

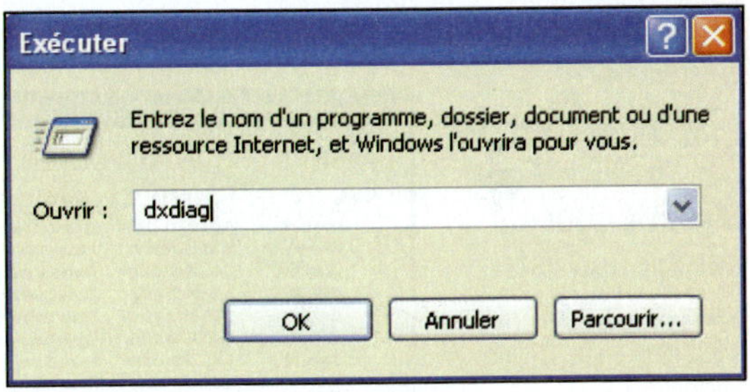

3 Validez par OK le message qui s'affiche pour vérifier la signature numérique de vos pilotes sur le site de Microsoft. Le cas échéant, de nouveaux certificats seront transférés pour mettre à jour votre système.

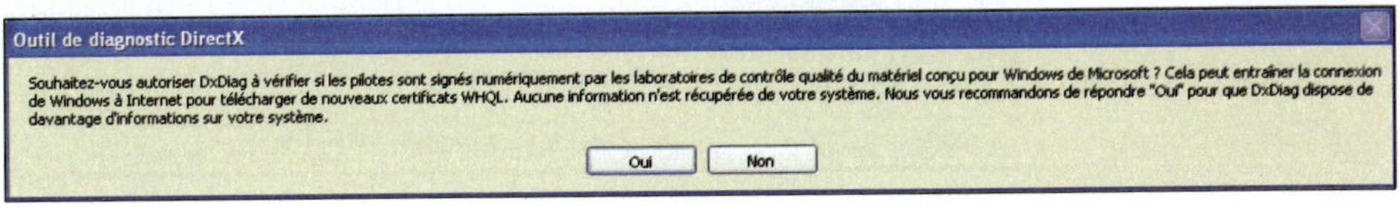

4 La fenêtre des outils de diagnostic de vos différents composants multimédias du système s'affiche. Vous disposez, sous l'onglet **Système**, d'un résumé de votre configuration : taille de la mémoire vive (RAM) et du fichier de pagination (mémoire virtuelle, c'est-à-dire un fichier temporaire sur votre disque dur que Windows XP utilise pour son fonctionnement), type de processeur, modèle du BIOS, etc. Lorsque l'option *Rechercher les signatures numériques WHQL* est cochée, une barre de progression apparaît dans la fenêtre pour vous informer du déroulement de la procédure de recherche et de transfert des certificats numériques sur le serveur de Microsoft.

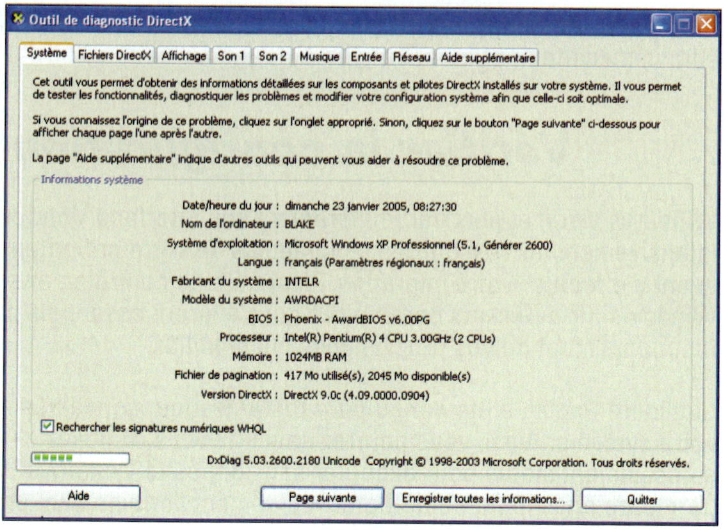

5 Cliquez sur l'onglet **Fichiers DirectX** pour obtenir une liste de tous les fichiers système destinés au fonctionnement de vos applications multimédias. La section *Remarques* vous informe des éventuels problèmes détectés.

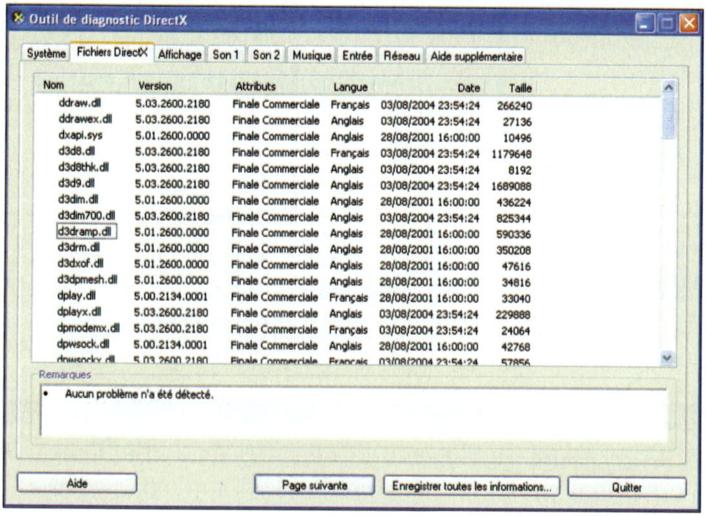

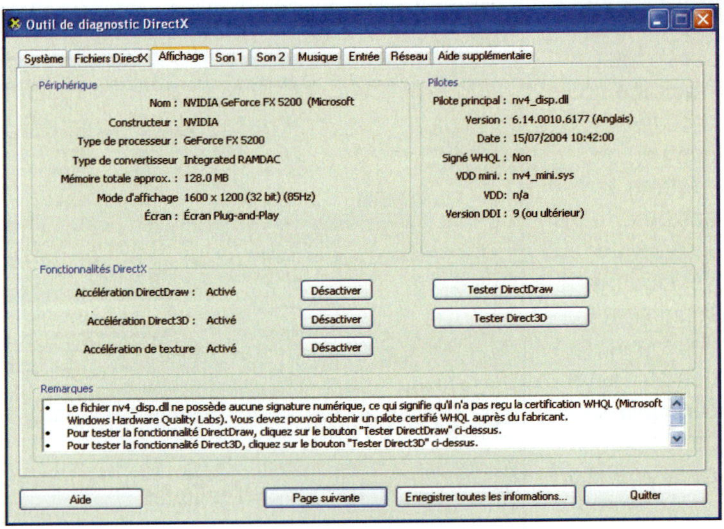

6 Cliquez sur l'onglet **Affichage** pour obtenir des renseignements sur le modèle de votre carte graphique, votre écran, vos pilotes d'affichage et l'état d'activation des fonctionnalités multimédias : DirectDraw, Direct3D et Texture. Vous disposez de deux boutons spécifiques pour tester ces différentes fonctionnalités : **Tester DirectDraw** et **Tester Direct3D**.

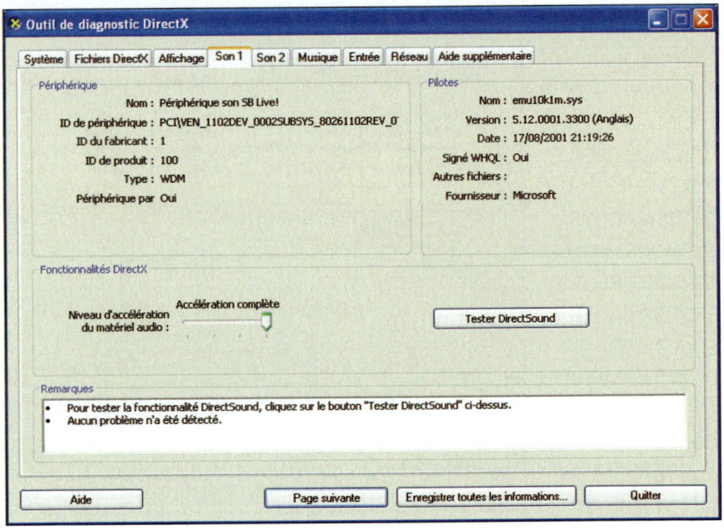

7 Cliquez sur l'onglet **Son** (**Son 1** si vous avez plusieurs cartes son installées). Pour en savoir plus sur votre matériel audio (identification de votre périphérique, nom du module, etc.) et le pilote son utilisé (date du fichier, signature numérique, nom du fournisseur, etc.), dans la section *Fonctionnalités DirectX*, vous pouvez configurer votre matériel audio et tester votre carte en cliquant sur le bouton **Tester DirectSound**.

8 Cliquez sur l'onglet **Musique** pour accéder aux informations relatives à vos ports musicaux. Vous pouvez également les tester avec le bouton **Tester DirectMusic**. Le résultat de cette opération s'affichera sous la section *Remarques*.

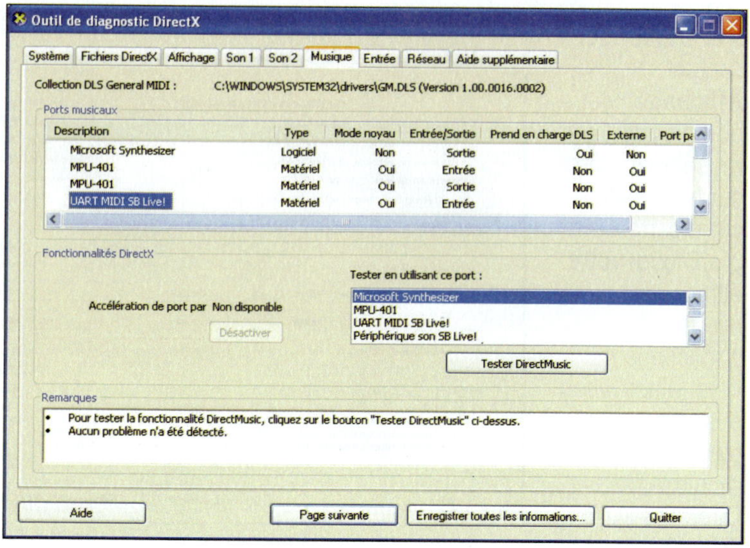

9 Cliquez sur l'onglet **Entrée** pour identifier tous les ports d'entrée avec les périphériques associés. Vous disposez d'une section spécifique, *Périphériques DirectInput*, pour accéder aux différentes informations de votre matériel multimédia (un volant avec retour de force, par exemple) et votre matériel de saisie (clavier et souris).

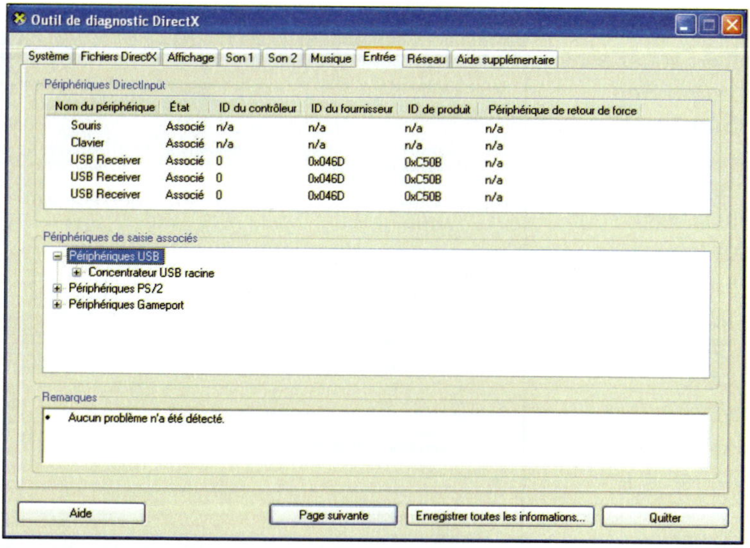

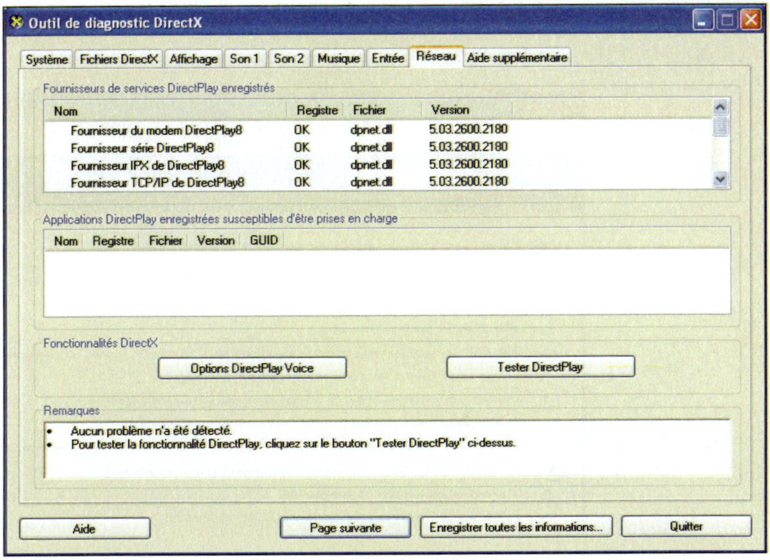

10 Cliquez sur l'onglet **Réseau** pour identifier tous les services réseau que vous pouvez exploiter avec les technologies multimédias. Vous pouvez utiliser les boutons **Options DirectPlay Voice** et **Tester DirectPlay** pour vérifier le traitement audio dans un environnement réseau.

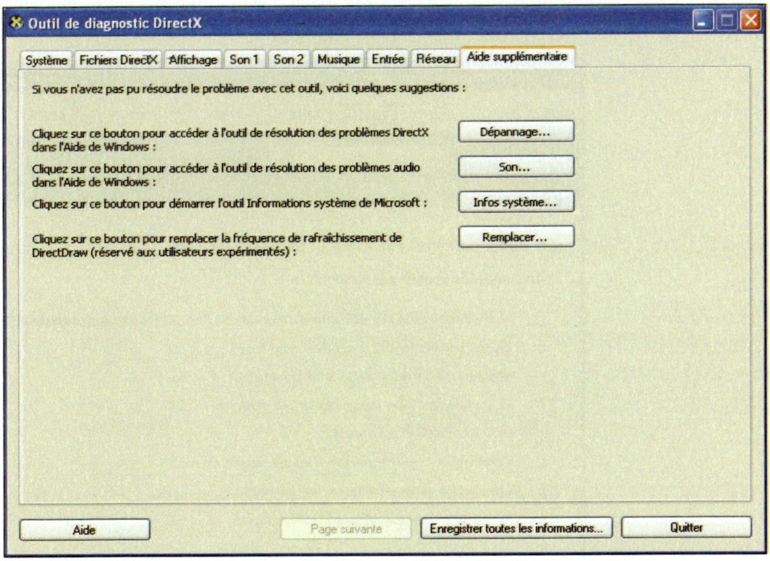

11 Pour obtenir une assistance spécifique sur vos composants multimédias, cliquez sur l'onglet **Aide supplémentaire**. Vous disposez de quatre boutons pour exécuter différents modules d'aide.

- **Dépannage** affiche un outil spécifique permettant de résoudre certains problèmes de fonctionnement avec les technologies multimédias.

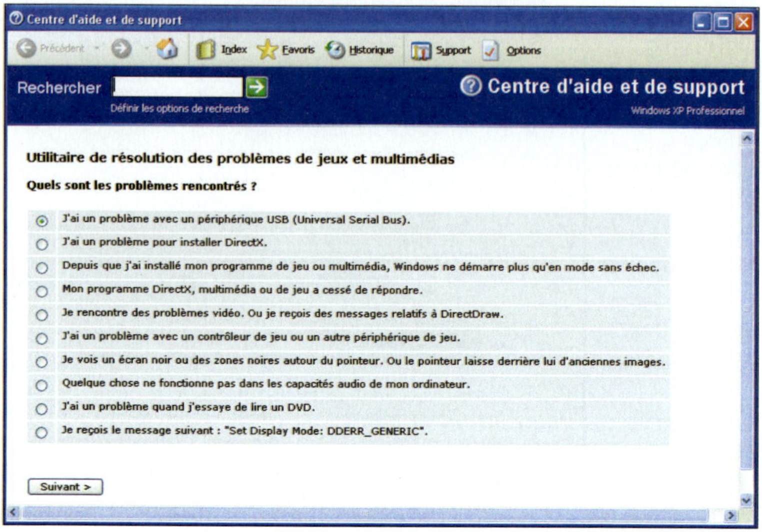

- **Son** affiche un outil analogue au précédent pour résoudre des problèmes audio.

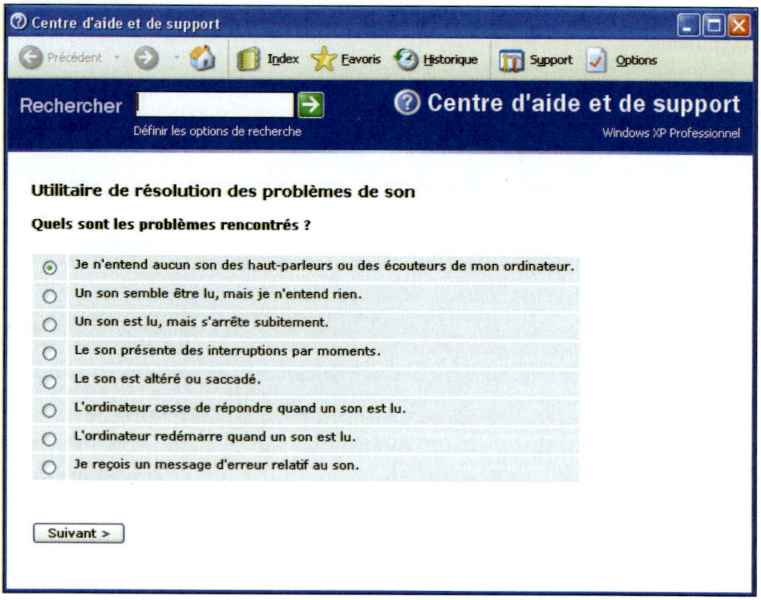

- **Infos système** affiche la fenêtre du module *Informations système* qui a été présenté précédemment.

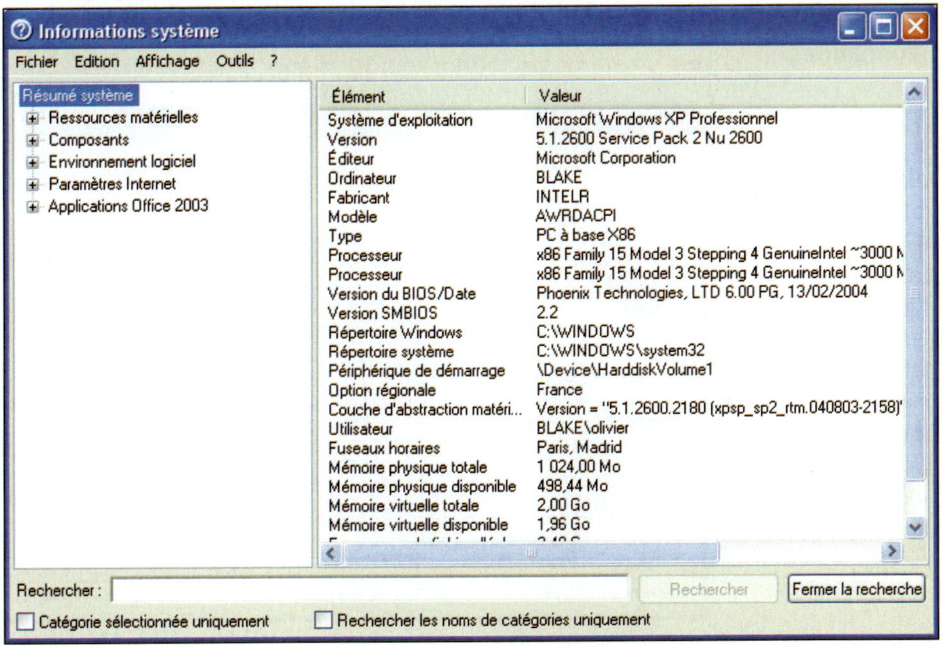

- **Remplacer**. En cas de problème d'affichage avec certaines applications graphiques ou pour accélérer certains rendus, vous avez la possibilité, en cliquant sur le bouton **Remplacer**, de modifier la valeur par défaut de la fréquence d'affichage de DirectDraw.

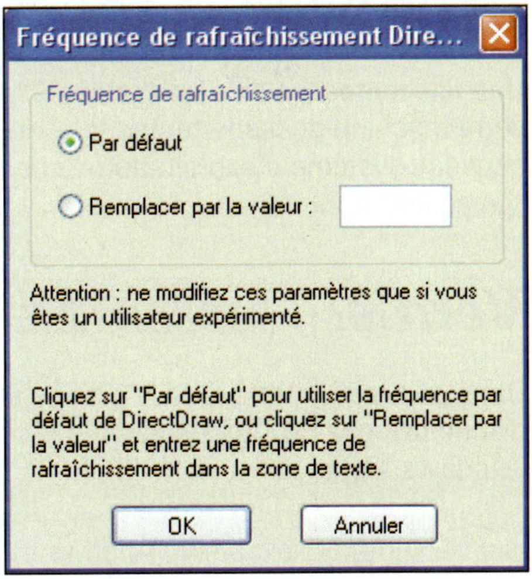

Enfin, vous avez la possibilité, à tout moment, d'enregistrer toutes les informations de configuration et de diagnostic des composants multimédias que vous venez de voir. Il suffit, dans la fenêtre principale de Dxdiag, de cliquer sur le bouton **Enregistrer toutes les informations**.

Un explorateur de fichiers apparaîtra immédiatement et vous proposera d'enregistrer, à l'emplacement de votre choix, toutes ces informations dans un fichier texte.

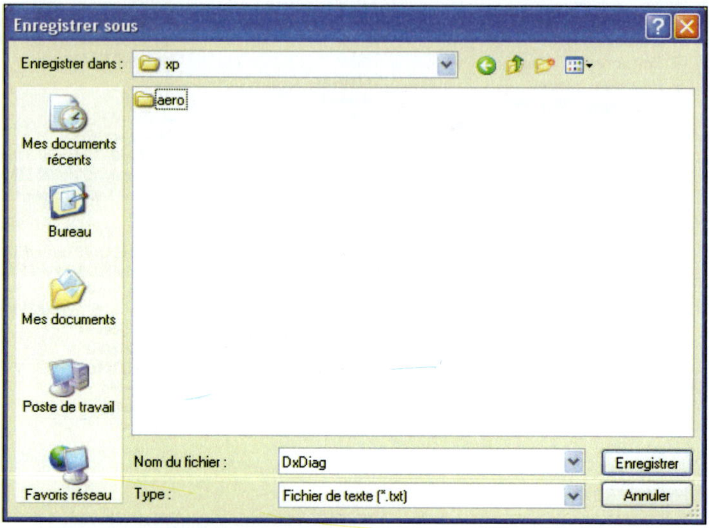

Préparer le terrain

Une fois toutes les erreurs résolues, la deuxième étape consiste à vérifier que votre machine possède toutes les conditions requises pour accueillir votre nouveau système d'exploitation. Si ce n'est pas le cas, quelques modifications s'imposeront.

Vérifier *l'espace libre*

Dans un premier temps, ce n'est pas une mauvaise idée de vérifier si votre disque dispose de suffisamment d'espace libre pour permettre l'installation de Windows Vista.

1 Démarrez l'Explorateur Windows en sélectionnant son icône à partir du menu **Démarrer** de la Barre des tâches de Windows XP.

2 Dans la fenêtre qui s'affiche, cliquez sur l'icône *Poste de travail* qui apparaît dans le menu de gauche, sous la section *Autres emplacements*.

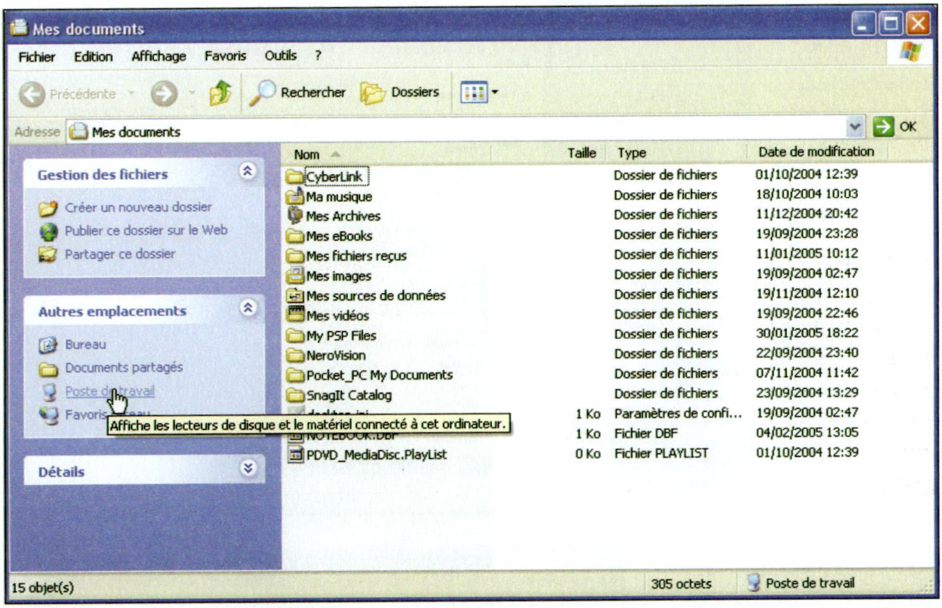

3 Tous vos disques durs apparaissent immédiatement dans votre Poste de travail, sous la section *Lecteurs de disques dur*.

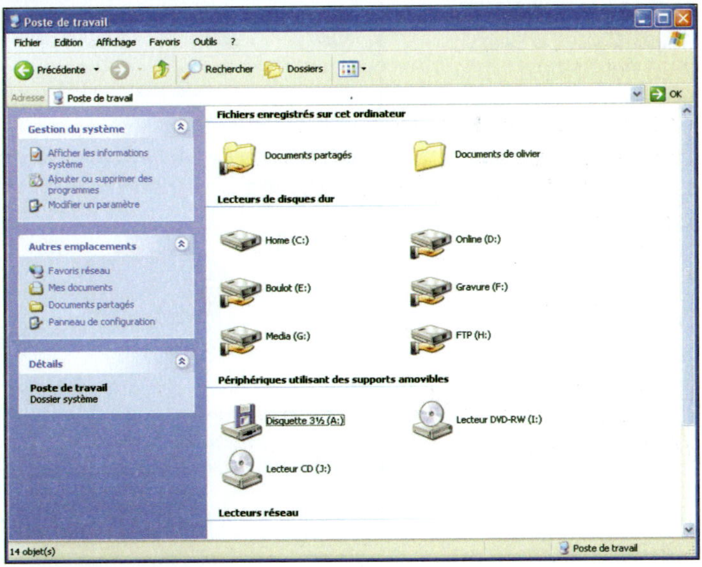

4 Cliquez du bouton droit sur un disque et sélectionnez, dans le menu contextuel qui apparaît, la commande **Propriétés**.

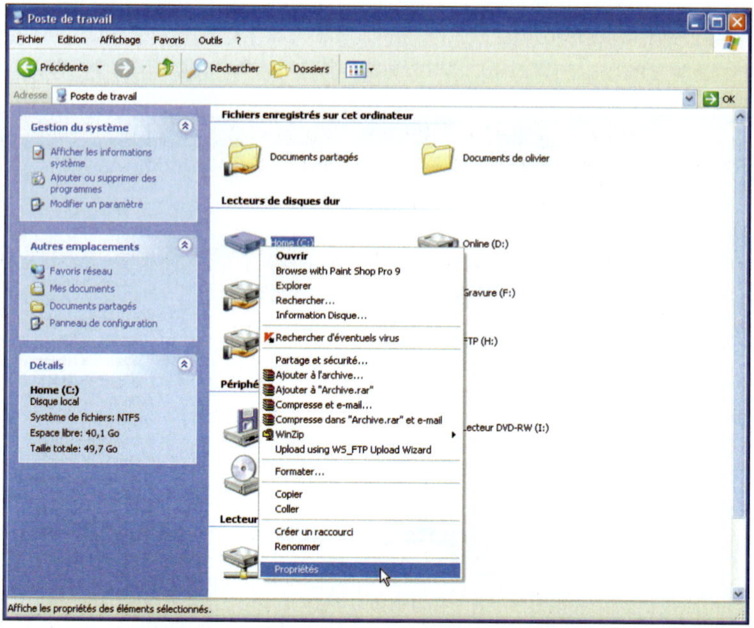

5 Vous disposez, dans la boîte de dialogue qui s'affiche, de plusieurs informations. D'abord, vous connaissez exactement l'espace utilisé et l'espace libre sur votre disque. Ensuite, l'occupation des données est également représentée sous forme graphique.

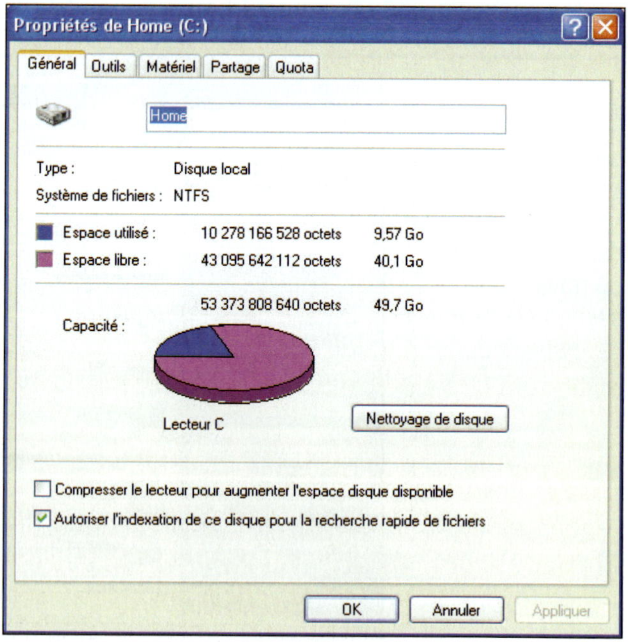

6 Après avoir refermé cette boîte de dialogue en la validant par OK, retournez dans le Poste de travail et vérifiez l'espace libre disponible pour vos autres disques.

Bien entendu, si un disque ne dispose plus de suffisamment d'espace, il convient de désinstaller certaines applications inutiles, voire de supprimer quelques fichiers.

Autre point à vérifier : la mémoire vive. De fait, avec Windows Vista, vous aurez besoin au minimum de 512 Mo de RAM pour exécuter le système de façon optimale.

Toutefois, selon les programmes que vous utiliserez et leur nombre, il pourra s'avérer nécessaire d'installer 1 Go de mémoire, voire 1,5 Go, pour faire face à toutes les situations. Procédez ainsi :

1 Pressez simultanément les touches Ctrl+Alt+Suppr ou Maj+Ctrl+Echap pour afficher le Gestionnaire de tâches de Windows XP.

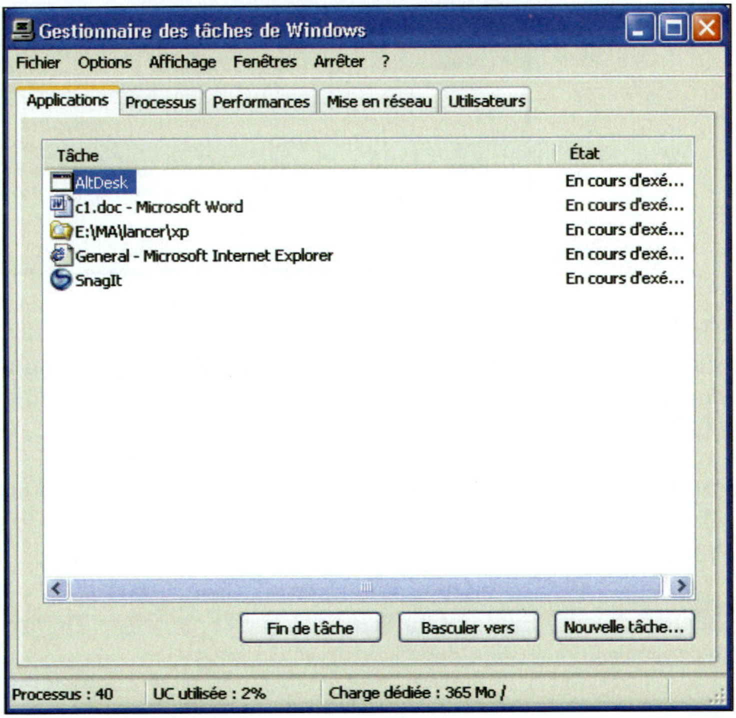

2 Sélectionnez l'onglet **Performances** pour vérifier, sous la section *Mémoire physique*, la taille de mémoire dont vous disposez (ligne *Total*) et celle encore disponible (ligne *Disponible*).

3 Si vous ne disposez pas de suffisamment de mémoire vive, il faudra envisager d'en ajouter avant d'effectuer la migration vers Windows Vista.

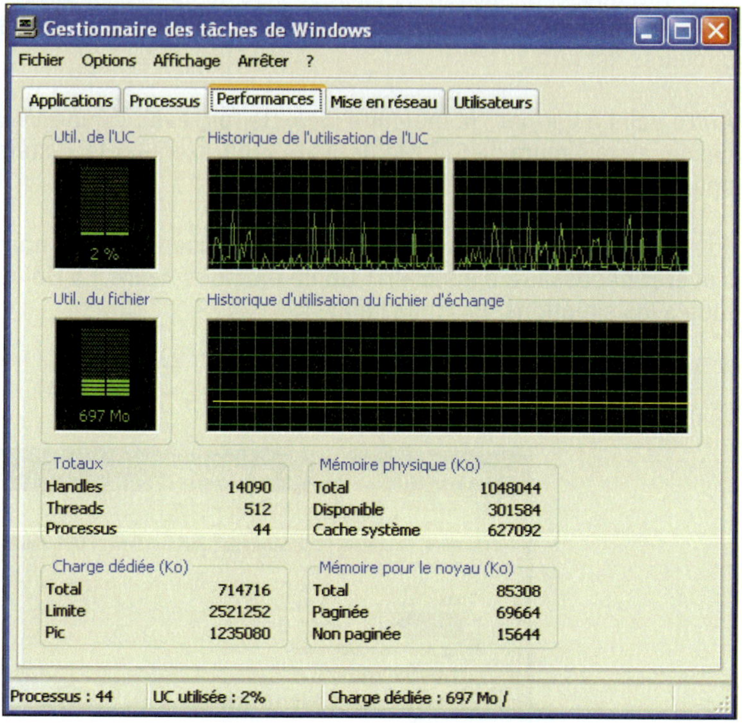

Pour revenir au problème de l'espace libre nécessaire pour l'installation de Windows Vista, sachez que, sous Windows XP, certains programmes génèrent plusieurs fichiers temporaires pendant leur exécution et à différents emplacements.

Parfois, ces fichiers ne sont pas supprimés correctement. Vous devrez alors les effacer vous-même avant de mettre à jour votre système vers Windows Vista. Procédez ainsi :

1 Sélectionnez **Explorateur Windows** à partir du menu **Démarrer/Programmes/Accessoires** de la Barre des tâches de Windows.

2 Dans l'arborescence de gauche, sélectionnez avec le bouton droit le lecteur à nettoyer (en général, celui qui porte la lettre d'unité C: pour effacer les fichiers temporaires générés par le système et la majorité de vos programmes).

3 Sélectionnez la commande **Propriétés** à partir du menu contextuel qui s'affiche pour ouvrir la boîte de dialogue du même nom.

4 Sous l'onglet **Général**, cliquez sur le bouton **Nettoyage de disque**.

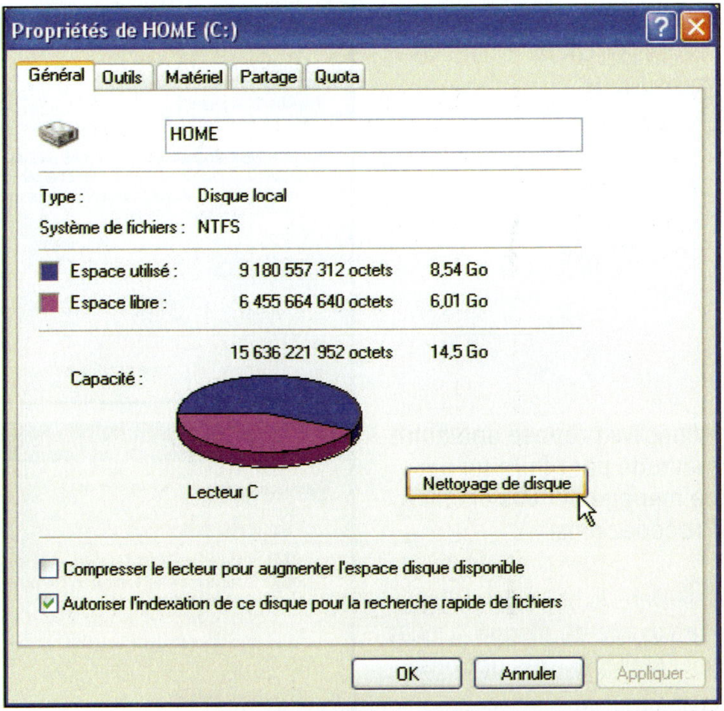

5 Un message apparaît indiquant que le disque sélectionné est en cours d'inspection. Le système calcule effectivement l'espace pouvant être récupéré en exécutant l'Assistant de nettoyage de disque.

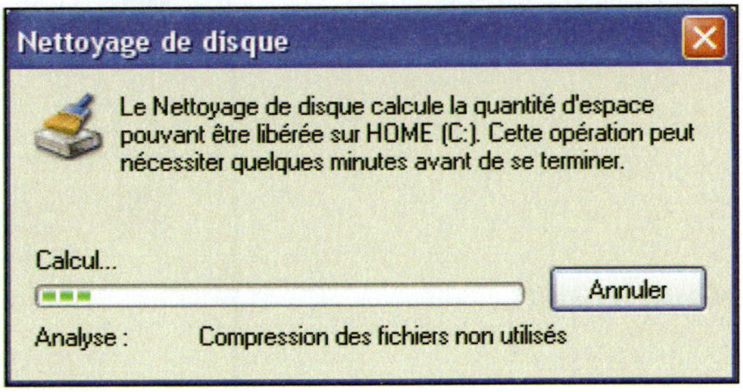

6 Une nouvelle boîte de dialogue s'affiche et spécifie, pour chaque emplacement, le volume de fichiers temporaires que vous pouvez supprimer. Cochez les éléments à supprimer dans la liste *Fichier à supprimer* et validez par OK pour nettoyer votre disque.

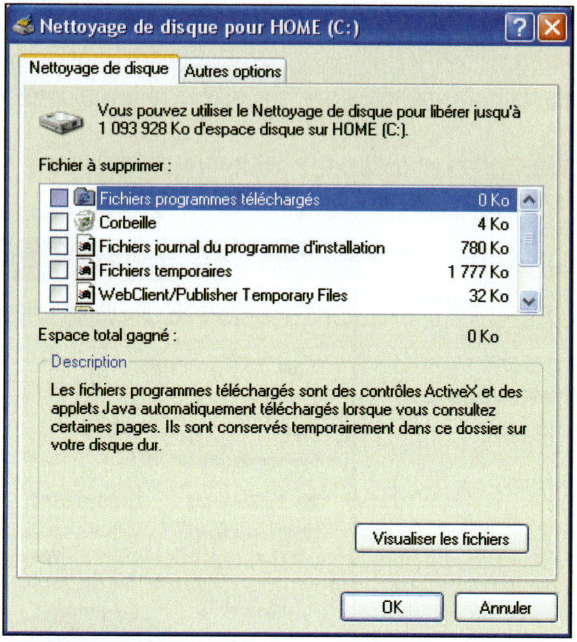

Windows propose une autre méthode pour faire un peu de ménage sur vos disques. Procédez ainsi :

1 Dans la boîte de dialogue **Nettoyage de disque**, cliquez sur l'onglet **Autres options**.

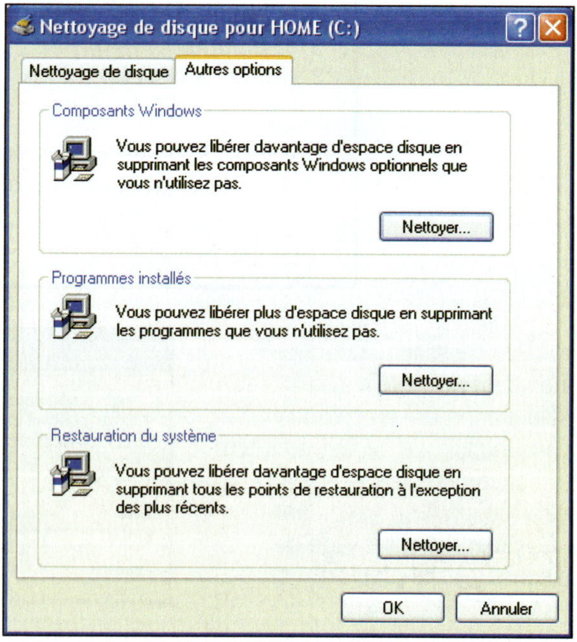

2 Vous disposez de trois sections proposant chacune un bouton **Nettoyer**. La première et la deuxième, *Composants Windows* et *Programmes installés*, permettent de désinstaller des modules système et des logiciels inutiles. La dernière, *Restauration du système*, peut récupérer de l'espace en supprimant des informations relatives à la restauration du système.

Convertir votre système *de fichiers*

Windows Vista ne supporte pas le système de fichier FAT 32. Si vous l'utilisez avec Windows XP, vous devez obligatoirement le convertir à la norme NTFS. Dès lors, vérifiez dans un premier temps quel type de système de fichiers vous avez adopté avec Windows XP.

1 Démarrez l'Explorateur Windows ou ouvrez la fenêtre de votre poste de travail en double-cliquant sur l'icône du même nom disponible sur votre Bureau.

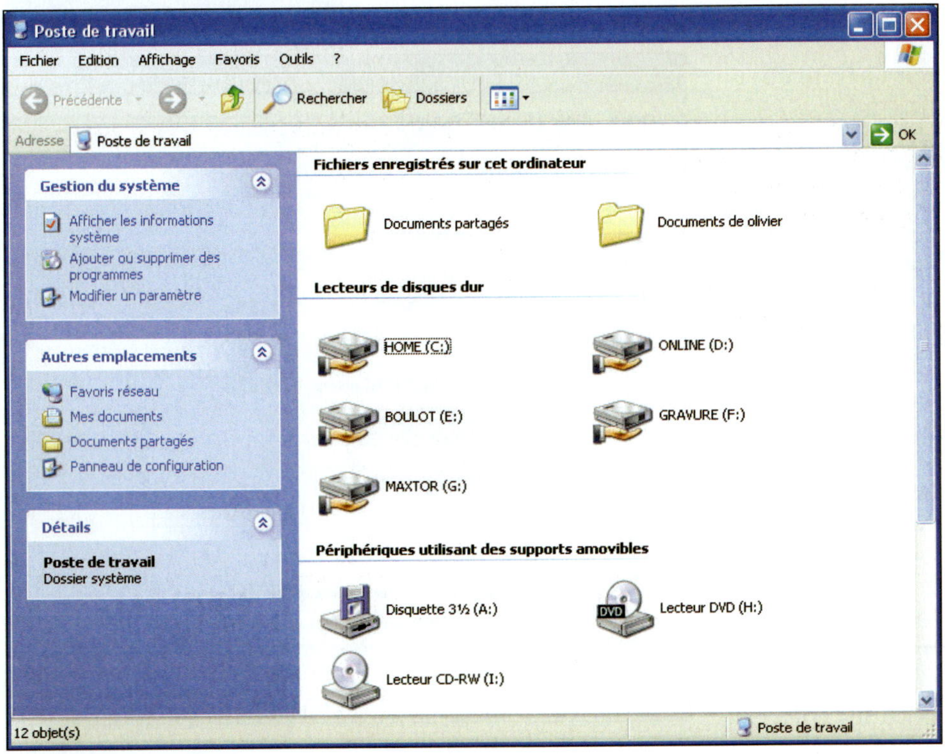

2 Cliquez du bouton droit sur une unité de disque et sélectionnez la commande **Propriétés** du menu contextuel.

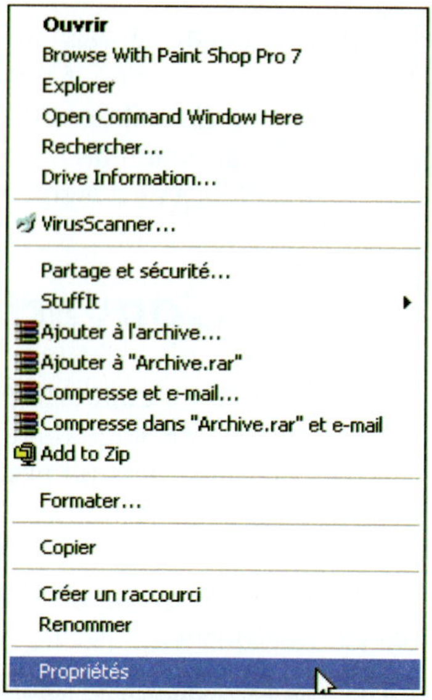

3 La boîte de dialogue qui s'affiche indique explicitement le type de système de fichiers utilisé (dans cet exemple, NTFS). Vous disposez également ici de plusieurs options pour, par exemple, effectuer un nettoyage automatique de votre disque (suppression des fichiers temporaires), ce qui peut être utile pour récupérer de la place sur le disque.

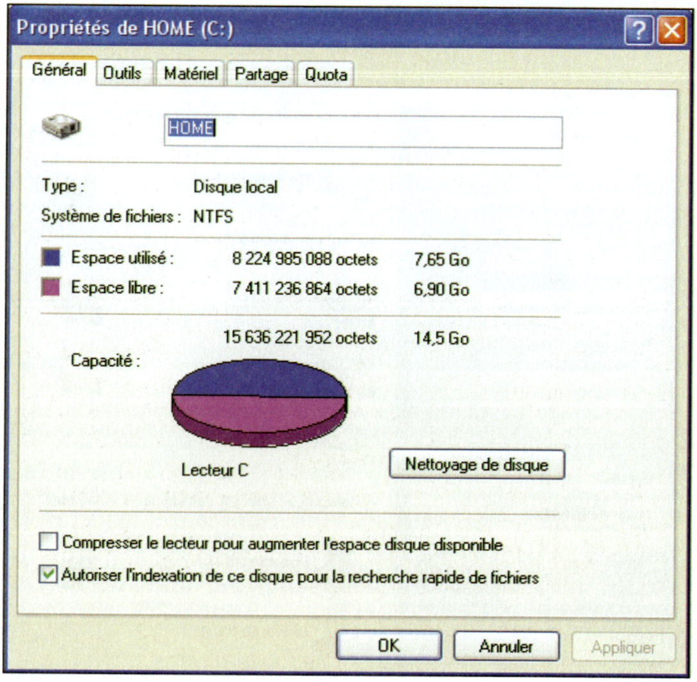

4 Si vous n'avez pas besoin de toutes ces options, il n'est pas nécessaire d'ouvrir la boîte de dialogue des propriétés de votre lecteur. En le sélectionnant directement dans la fenêtre du Poste de travail, le menu de gauche affiche immédiatement un résumé des informations de votre disque sous la section *Détails*.

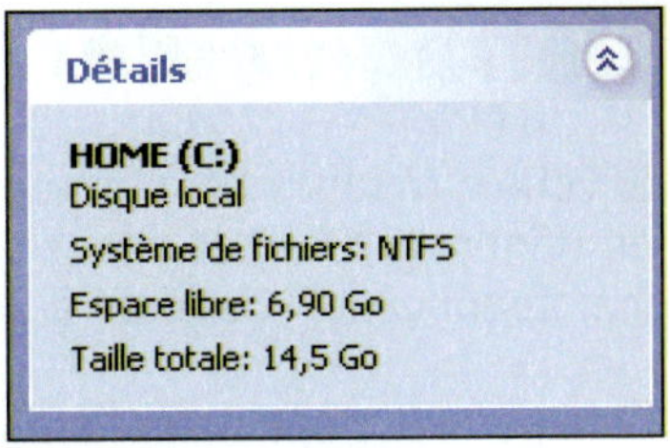

Si vous utilisez un système de fichiers différent de celui supporté par Windows Vista, vous devez le convertir sans perdre vos données déjà enregistrées sur le disque dur. Windows XP intègre par défaut un outil capable d'effectuer cette conversion en quelques clics de souris. Procédez ainsi :

1 Sélectionnez la commande **Tous les programmes/Accessoires/Invite de commandes** du menu **Démarrer** de la Barre des tâches de Windows.

2 Inscrivez directement, dans la fenêtre qui s'affiche, la commande **Convert** sous la forme suivante : `convert lettre_unité: /fs:ntfs`. Par exemple, si vous souhaitez convertir le lecteur D:, inscrivez la ligne suivante et validez-la par Entrée pour démarrer immédiatement la procédure de conversion :
`convert d: /fs:ntfs`.

Au terme de cette opération, vous obtiendrez un message de succès et pourrez refermer la fenêtre des invites de commandes.

Défragmenter *le disque*

Si vous envisagez de migrer vers Windows Vista en effectuant une mise à jour de Windows XP, vous devez auparavant réaliser une petite opération de maintenance qui consiste à défragmenter vos données.

Cela permet d'optimiser l'emplacement de vos fichiers sur votre disque pour préparer la migration vers Windows Vista.

La défragmentation des données permet également de limiter les erreurs car un disque dont les fichiers sont trop fragmentés peut générer des dysfonctionnements de façon totalement aléatoire.

Cette opération ne présente aucune difficulté. Windows XP intègre un module entièrement conçu à cet effet : le Défragmenteur de disque. Pour l'utiliser :

1 Sélectionnez la commande **Programmes/Accessoires/Outils système/ Défragmenteur de disque** à partir du menu **Démarrer** de la Barre des tâches de Windows.

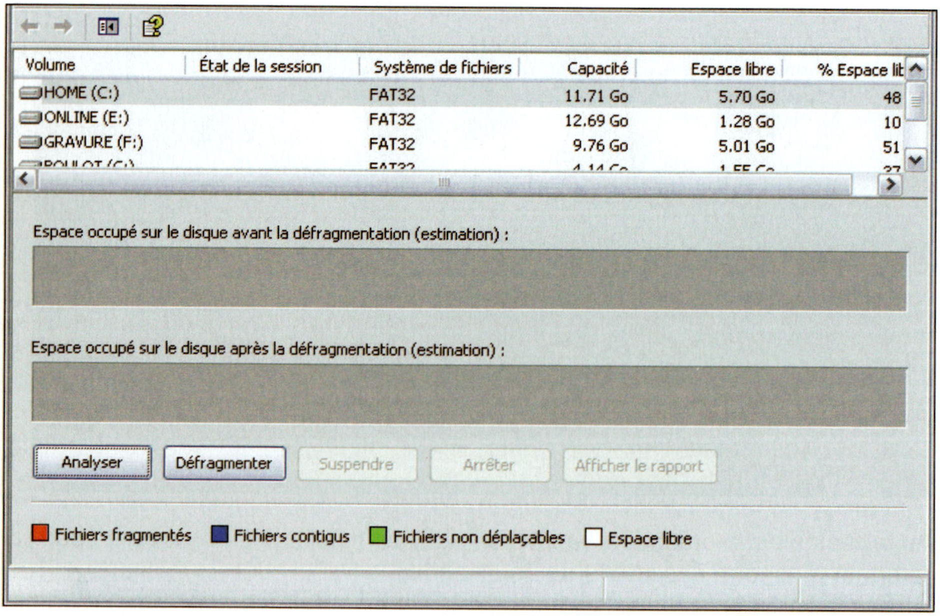

2 Dans la fenêtre qui s'affiche, sélectionnez le disque dur que vous souhaitez défragmenter et cliquez directement sur le bouton **Défragmenter**.

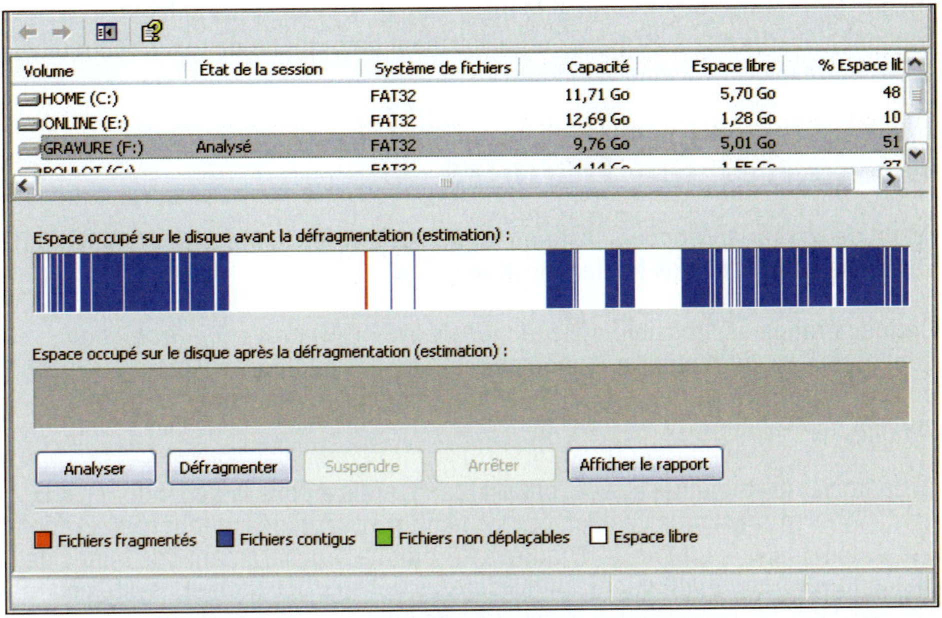

3 Au terme de cette opération de maintenance, un message s'affiche. Cliquez sur le bouton **Afficher le rapport** pour en savoir plus sur les améliorations apportées à votre disque.

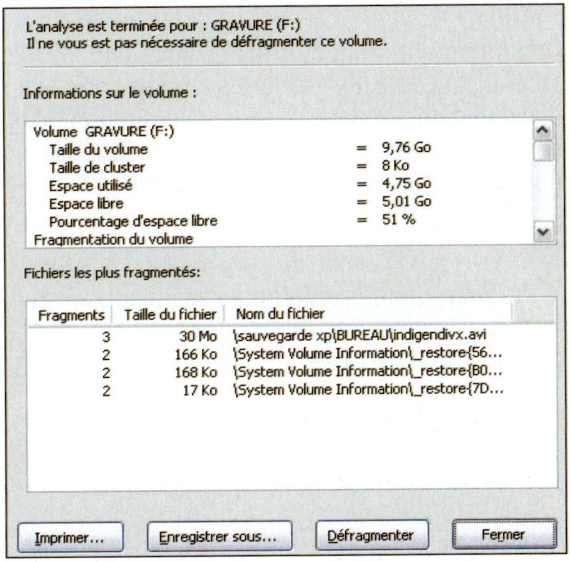

Sachez enfin qu'une opération de défragmentation permet de prolonger la durée de vie de vos disques durs.

De fait, leur tête de lecture travaille beaucoup plus lorsque les fichiers sont fragmentés... Pensez à effectuer régulièrement cette tâche de maintenance après votre migration sous Windows Vista.

Restaurer les fichiers du système

Avant de passer à Windows Vista en mettant à jour les fichiers de Windows XP, vérifiez la validité de vos fichiers système.

Cette opération est possible avec le module WFP (*Windows File Protection*), dont le rôle est de restaurer immédiatement tous les fichiers système que vous, ou un programme, auriez accidentellement effacés ou remplacés par une version non valide.

Si un fichier système est effacé, celui-ci réapparaîtra dans la seconde qui suit. En d'autres termes, tous vos fichiers système sont protégés et leur restauration est automatique. Toutefois, si Windows XP affiche régulièrement des boîtes de dialogue vous indiquant que vous utilisez des fichiers DLL (fichiers système appelés librairies) non valides, il convient de nettoyer votre système.

Concrètement, Windows XP dispose d'un dossier spécifique dans lequel il a stocké plus de 2 000 fichiers système originaux pendant sa procédure d'installation. Ce dossier se trouve à cet emplacement : *C:\windows\system32\DLLCache*. Toutefois, si vous n'y avez pas accès, vous devez paramétrer votre système pour afficher les dossiers système. Pour cela :

1. Ouvrez le Panneau de configuration en sélectionnant son intitulé à partir du menu **Démarrer** de la Barre des tâches de Windows XP.

2. Dans le menu de gauche, cliquez sur le lien *Basculer vers l'affichage classique*.

3. Double-cliquez sur l'icône *Options des dossiers*.

4 Dans la boîte de dialogue qui s'affiche, cliquez sur l'onglet **Affichage**.

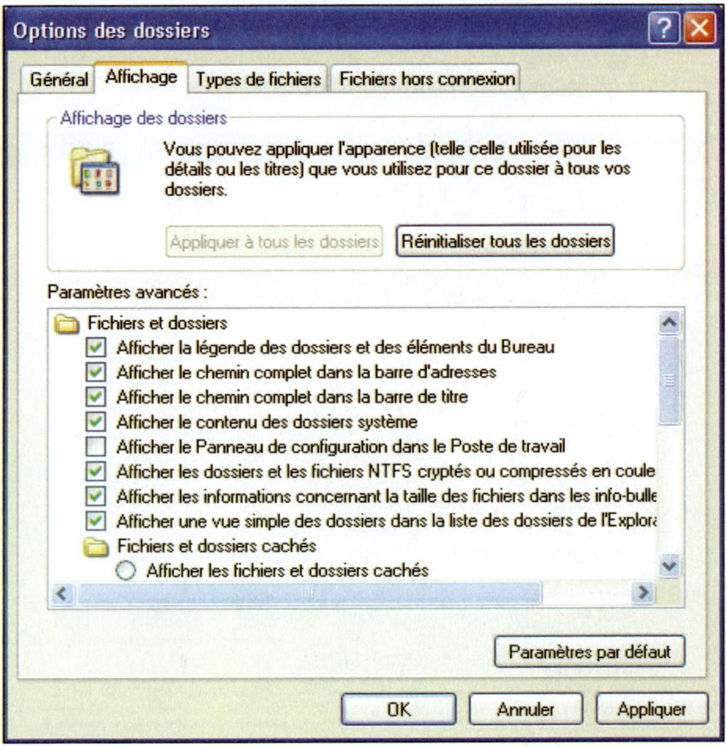

5 Dans la liste d'options disponible sous la section *Paramètres avancés*, cochez l'option *Afficher les fichiers et dossiers cachés*.

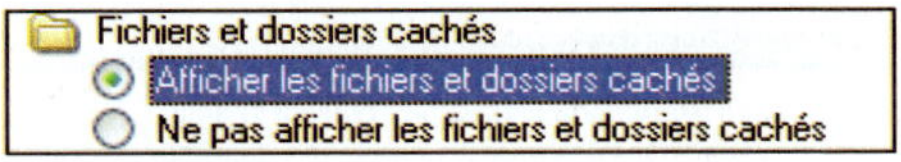

6 Sous cette même liste, un peu plus bas, désactivez l'option *Masquer les fichiers protégés du système d'exploitation (recommandé)*.

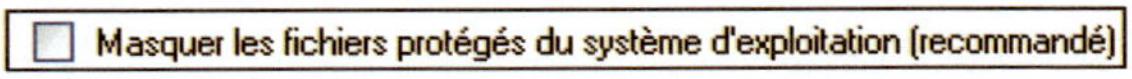

7 Validez la boîte de dialogue par OK pour rendre immédiatement opérationnels les nouveaux paramètres.

8 Ouvrez une fenêtre de l'Explorateur Windows et affichez le contenu du répertoire *C:\windows\system32\DLLCache*. Celui-ci est désormais devenu accessible. Il contient tous vos fichiers système en double pour les restaurer automatiquement. Cela permet, dans notre cas, de disposer d'un système sain pour effectuer le passage à Windows Vista.

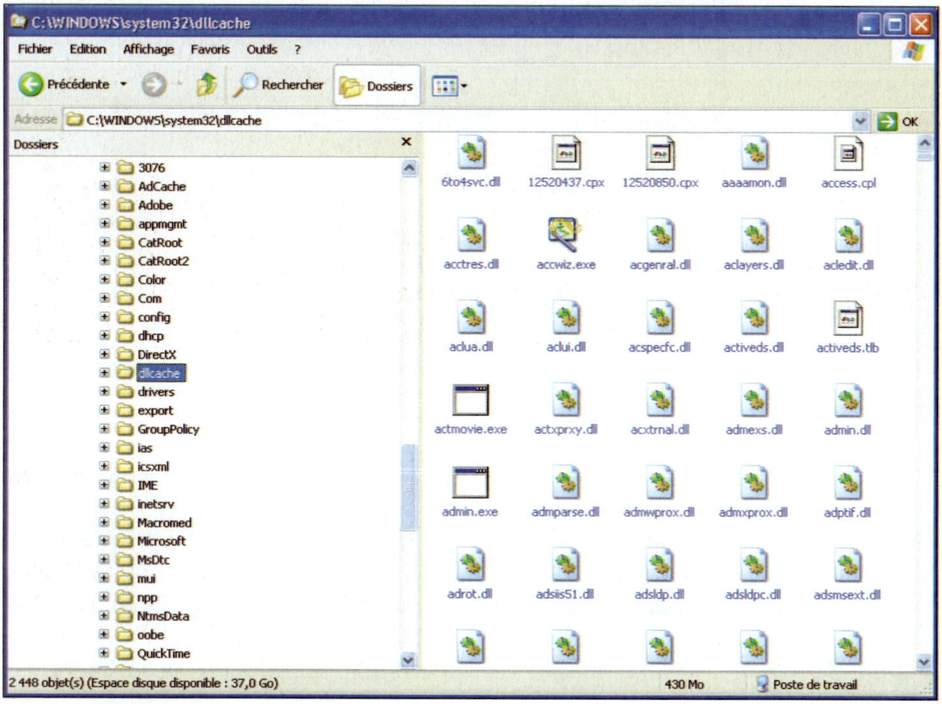

Si ce dossier système contient des fichiers altérés qui entraînent l'affichage de messages d'erreur, la commande, **SFC** (*System File Check*) vous permettra d'exécuter un utilitaire indispensable pour définir et contrôler le fonctionnement du module WFP.

Pour retrouver des fichiers système valides, avec la commande **SFC**, reconstituez correctement le contenu du dossier *DLLCache* de cette façon :

1 Sélectionnez la commande **Tous les programmes/Accessoires/Invite de commandes** du menu **Démarrer** de la Barre des tâches de Windows.

2 Dans la fenêtre qui s'affiche, saisissez l'instruction suivante : `sfc/purgecache`.

3 Validez votre saisie en appuyant sur la touche [Entrée].

Enfin, si vous avez un doute sur l'intégrité du contenu du dossier *DLLCache*, rien ne vous empêche de le contrôler immédiatement en saisissant, dans une fenêtre d'invite de commandes, l'instruction suivante : `sfc/scanonce`. Cette vérification peut s'effectuer automatiquement à chaque démarrage du système avec la commande `sfc/scanboot`. Cela peut toutefois ralentir le lancement de Windows XP. Lorsque vous le souhaiterez, vous aurez la possibilité de rétablir tous les paramètres par défaut de WFP en inscrivant la commande `sfc/revert`.

Sauvegarder *vos données*

Avant de faire migrer votre système vers Windows Vista, il est préférable d'avoir effectué quelques sauvegardes de fichiers précis, en plus de tous vos documents de travail. La procédure de mise à jour de Windows XP vers Windows Vista permet théoriquement de conserver tous vos fichiers de travail, vos paramètres et vos applications. Mais, par sécurité, il est nécessaire de réaliser vos propres sauvegardes pour limiter les dégâts en cas de catastrophe pendant la procédure de migration.

Nous allons effectuer une sauvegarde des fichiers de configuration de Windows XP sur un support amovible pour les restaurer ensuite sur votre nouveau système. Vous disposez effectivement d'un Assistant conçu à cet effet, présent dans Windows XP et dans toutes les versions de Windows Vista.

Transfert de configuration

L'Assistant de transfert de fichiers et de paramètres permet de transférer des informations entre des ordinateurs équipés de Windows XP. Toutefois, il fonctionne pour transférer vos informations d'un système Windows XP vers un système Windows Vista. Mais si votre procédure de migration par mise à jour de Windows XP fonctionne, il ne sera pas nécessaire d'utiliser l'Assistant de transfert de fichiers et de paramètres. Si cet Assistant est présent dans les systèmes Windows 2000, vous ne pourrez pas l'exploiter pour transférer vos informations sur un système Windows Vista.

Procédez ainsi :

1 Sélectionnez la commande **Tous les programmes/Accessoires/Outils système/Assistant transfert de fichiers et de paramètres** du menu **Démarrer** de la Barre des tâches de Windows.

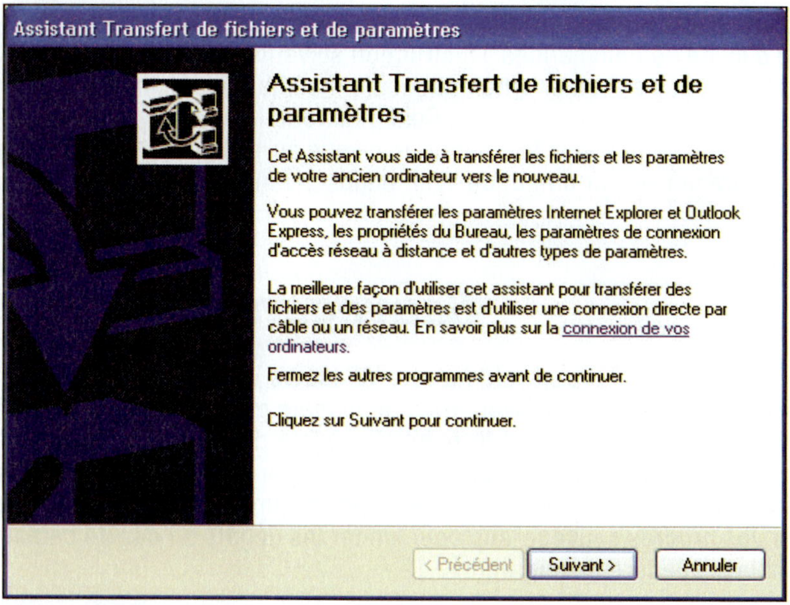

2 Dans la fenêtre qui s'affiche, cliquez sur le bouton **Suivant** et sélectionnez l'option *Ancien ordinateur*.

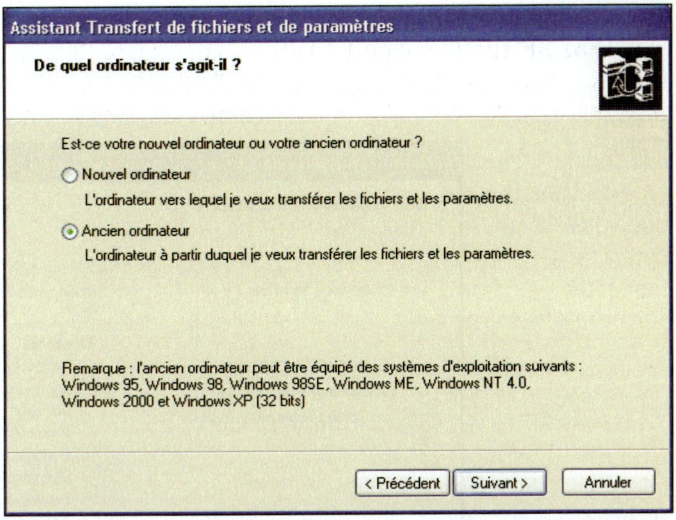

3 Choisissez le support sur lequel vous allez transférer les fichiers de configuration de votre ordinateur :

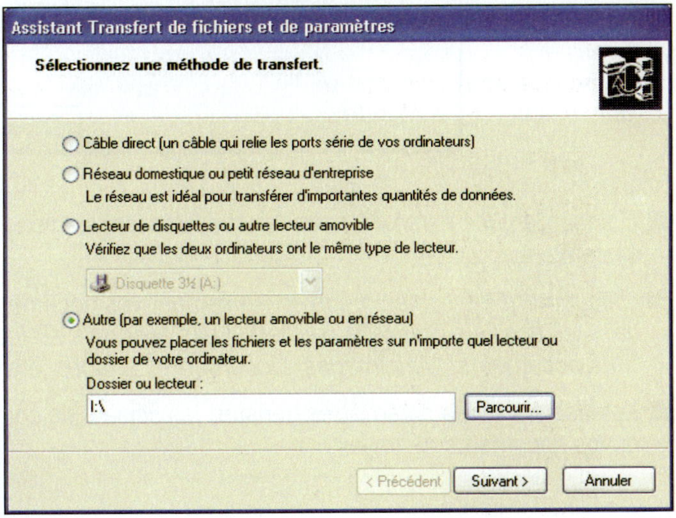

- *Câble direct* permet de transférer vos fichiers directement entre deux ordinateurs reliés par un câble connecté à leurs ports série.
- *Réseau domestique ou petit réseau d'entreprise* sauvegarde vos fichiers à l'emplacement de votre choix sur un poste connecté à votre réseau local.
- *Lecteur de disquettes ou autre lecteur amovible* transfert des fichiers sur un support d'enregistrement amovible.

- *Autre* permet de sélectionner un autre périphérique pour le transfert des fichiers.

4 Cliquez sur le bouton **Suivant**.

5 Indiquez le type de fichiers que vous souhaitez transférer :

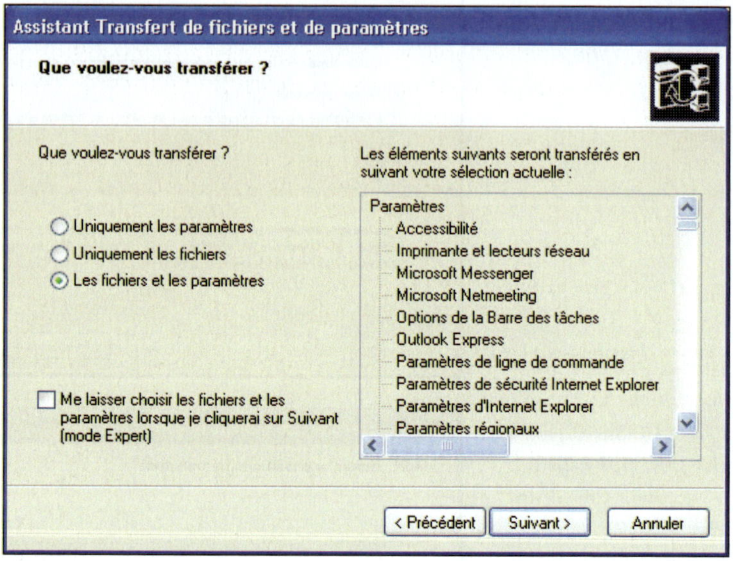

- *Uniquement les paramètres* transfert seulement les fichiers de configuration du système.
- *Uniquement les fichiers* transfert seulement vos documents de travail enregistrés dans les dossiers proposés par défaut par Windows XP (contenu des répertoires *Mes documents*, *Mes images*, *Documents partagés*, etc.).
- *Les fichiers et les paramètres* transfert les fichiers de configuration du système et vos documents de travail.

Un transfert sur mesure

Pour choisir les fichiers que vous souhaitez transférer, cochez l'option *Me laisser choisir les fichiers et les paramètres lorsque je cliquerai sur Suivant*. De cette façon, vous obtiendrez une fenêtre où vous pourrez sélectionner précisément les fichiers à sauvegarder.

6 Cliquez sur le bouton **Suivant** pour démarrer la copie des fichiers. Au terme de cette opération, vous disposerez d'une sauvegarde des paramètres et des fichiers de votre système.

La procédure de transfert des fichiers et paramètres que vous venez de sauvegarder sur Windows Vista ne présente aucune difficulté et s'avère aussi simple que celle que vous venez de suivre précédemment. Procédez ainsi :

1 Sélectionnez la commande **Tous les programmes/Accessoires/Outils système/Transfert de fichiers et paramètres Windows** du menu **Démarrer** de la Barre des tâches de Windows.

2 Dans la fenêtre qui s'affiche, cliquez sur le bouton **Suivant** et sélectionnez l'option *Nouvel ordinateur*.

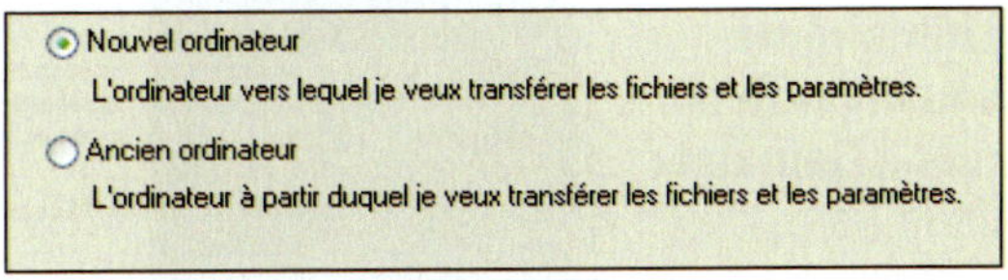

3 Cochez l'option *Je n'ai pas besoin du disque de l'Assistant. J'ai déjà recueilli mes anciens fichiers et paramètres.* Cliquez sur le bouton **Suivant**.

4 Indiquez l'emplacement où se trouvent les fichiers que vous souhaitez transférer :

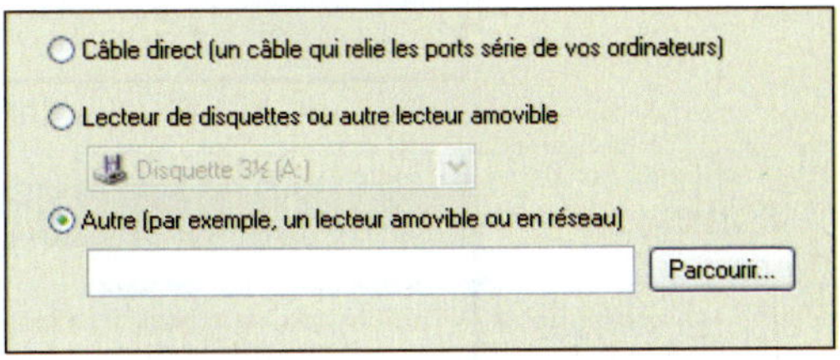

- *Câble direct* permet de transférer vos fichiers directement entre deux ordinateurs reliés par un câble connecté à leurs ports série.
- *Lecteur de disquettes ou autre lecteur amovible* récupère des fichiers à partir d'un support d'enregistrement amovible.
- *Autre* récupère des fichiers à partir d'un autre périphérique ou d'un poste connecté en réseau.

5 Pour commencer la procédure de transfert, après avoir sélectionné l'emplacement où les fichiers ont été sauvegardés, cliquez sur le bouton **Suivant**.

Au terme de cette procédure de transfert, redémarrez votre ordinateur. De fait, les nouveaux paramètres de configuration ne seront opérationnels qu'après ce redémarrage.

Il existe un autre Assistant de sauvegarde pour vos documents et vos paramètres de configuration. À la différence du précédent, il vous permettra, au moment de la restauration, de sélectionner les fichiers que vous souhaitez récupérer sur votre nouveau système. Vous ne serez pas obligé, cette fois, de restaurer la totalité de votre sauvegarde. Procédez ainsi :

1 Sélectionnez la commande **Tous les programmes/Accessoires/Outils système/Utilitaire de sauvegarde** du menu **Démarrer** de la Barre des tâches de Windows.

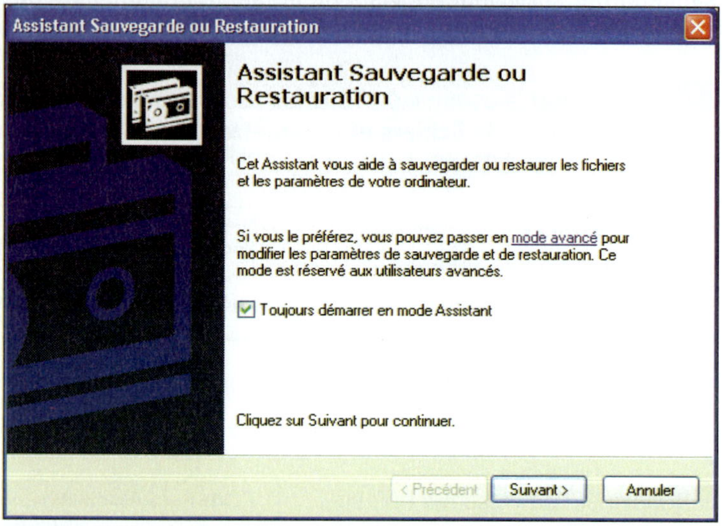

2 Dans la fenêtre qui s'affiche, cliquez sur le bouton **Suivant** et sélectionnez l'option *Sauvegarder les fichiers et les paramètres*.

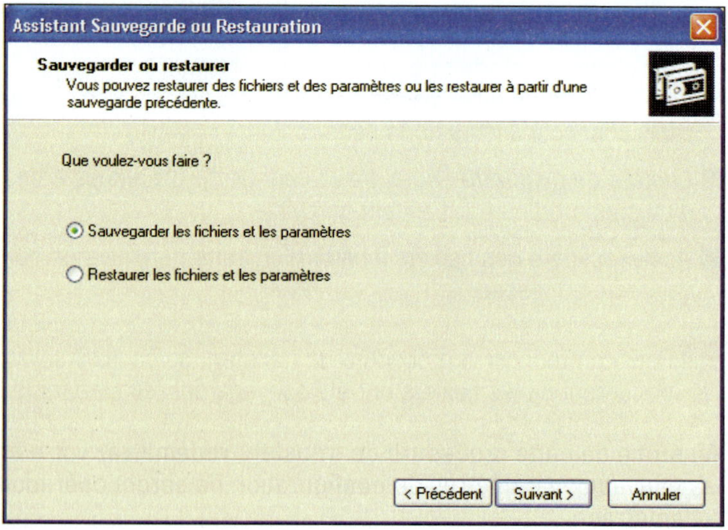

3 Indiquez le type d'informations que vous souhaitez sauvegarder :

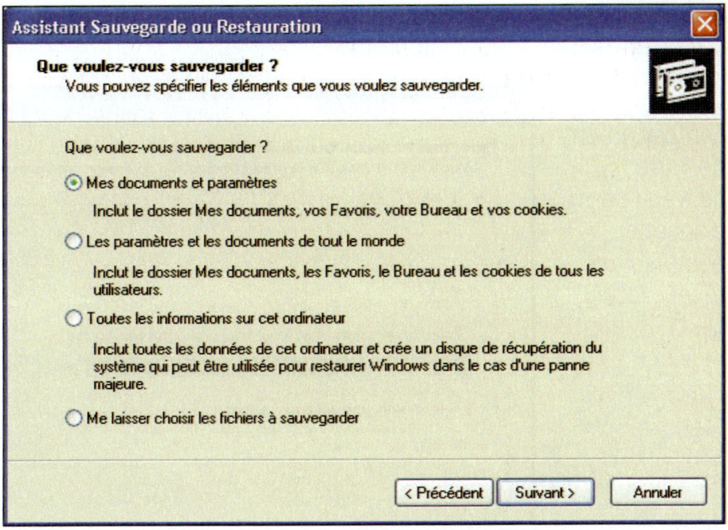

- *Mes documents et paramètres* permet de sauvegarder tout le contenu du dossier *Mes documents* et tous les fichiers de votre Bureau. Il enregistre également vos adresses Internet (les favoris) et les cookies, c'est-à-dire des fichiers conçus pour vous identifier automatiquement sur certains sites que vous avez l'habitude de visiter.
- *Les paramètres et mes documents de tout le monde* sauvegarde les mêmes fichiers que précédemment, mais pour tous les utilisateurs de votre machine si vous partagez cette dernière avec d'autres personnes.
- *Toutes les informations sur cet ordinateur* effectue une sauvegarde complète de votre machine et permet également de créer un disque de restauration du système qui vous sera utile pour rétablir le bon fonctionnement de Windows XP si la procédure de migration vers Windows Vista échoue.
- *Me laisser choisir les fichiers à sauvegarder* permet de sélectionner exactement les fichiers que vous souhaitez sauvegarder.

Graver vos sauvegardes

Rien ne vous interdit de créer, dans un premier temps, votre sauvegarde dans un dossier de votre choix, sur votre disque dur. Vous disposerez ainsi d'un fichier qui contiendra toutes les informations de votre ordinateur et que vous pourrez ensuite graver sur un CD-R(W) ou un DVD-R(W). Vous pourrez ensuite le lire sans difficulté à partir de Windows Vista.

4 Cliquez sur le bouton **Suivant**.

5 Indiquez l'emplacement de votre sauvegarde : disquette, poste sur un réseau local, clé USB, etc. Indiquez également le nom de votre sauvegarde dans la zone de texte conçue à cet effet.

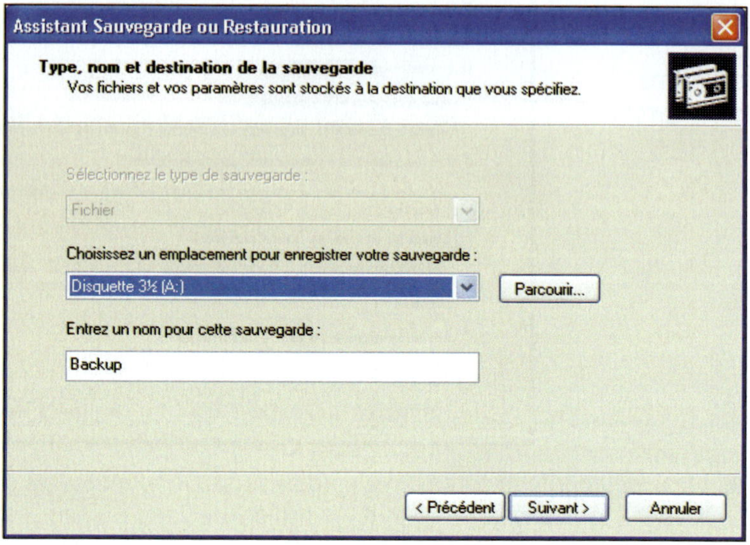

6 Une dernière fenêtre reprend toutes les informations que vous venez de donner. Démarrez la procédure de sauvegarde en cliquant sur le bouton **Terminer**.

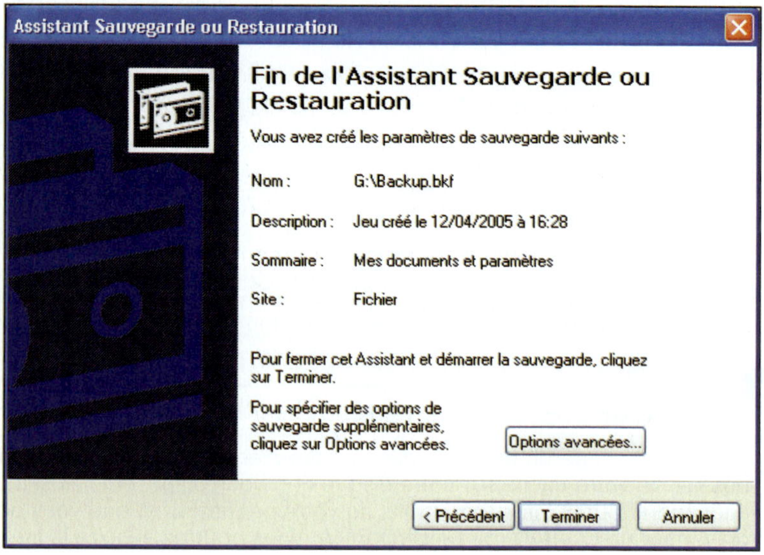

7 La sauvegarde des fichiers est en cours. Vous disposez d'une fenêtre spécifique qui vous permet de suivre le déroulement de la procédure.

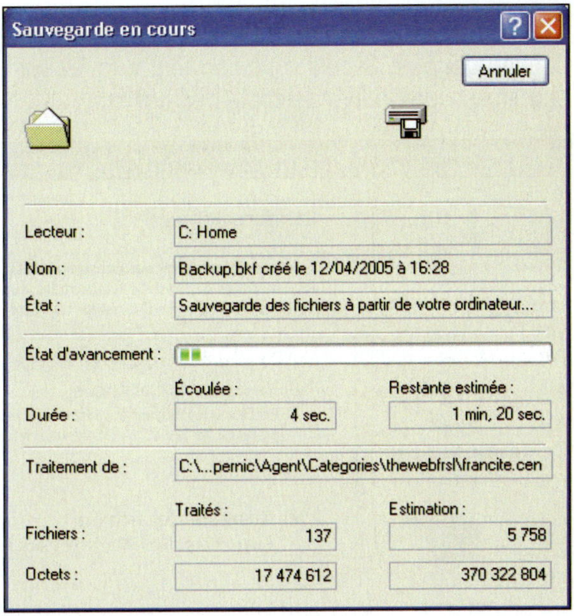

Au terme de la copie des fichiers, vous disposez d'un fichier de sauvegarde à l'emplacement que vous avez indiqué. Une fenêtre indique également que l'enregistrement de tous les fichiers est terminé.

8 Cliquez sur le bouton **Fermer**.

Pour restaurer vos fichiers sur Windows Vista, vous disposez d'un utilitaire identique et il suffit de suivre cette procédure :

1 Sélectionnez la commande **Tous les programmes/Accessoires/Outils système/Statut et configuration de la sauvegarde** du menu **Démarrer** de la Barre des tâches de Windows.

2 Dans la fenêtre qui s'affiche, cliquez sur le bouton **Suivant** et sélectionnez l'option *Restauration avancée*.

3 Sélectionnez les dossiers ou les fichiers que vous souhaitez restaurer.

4 Cliquez sur le bouton **Suivant**.

5 Toutes les informations de la restauration à effectuer sont reprises dans une dernière fenêtre. Si cela vous convient, cliquez sur le bouton **Terminer** pour démarrer la procédure de copie des fichiers.

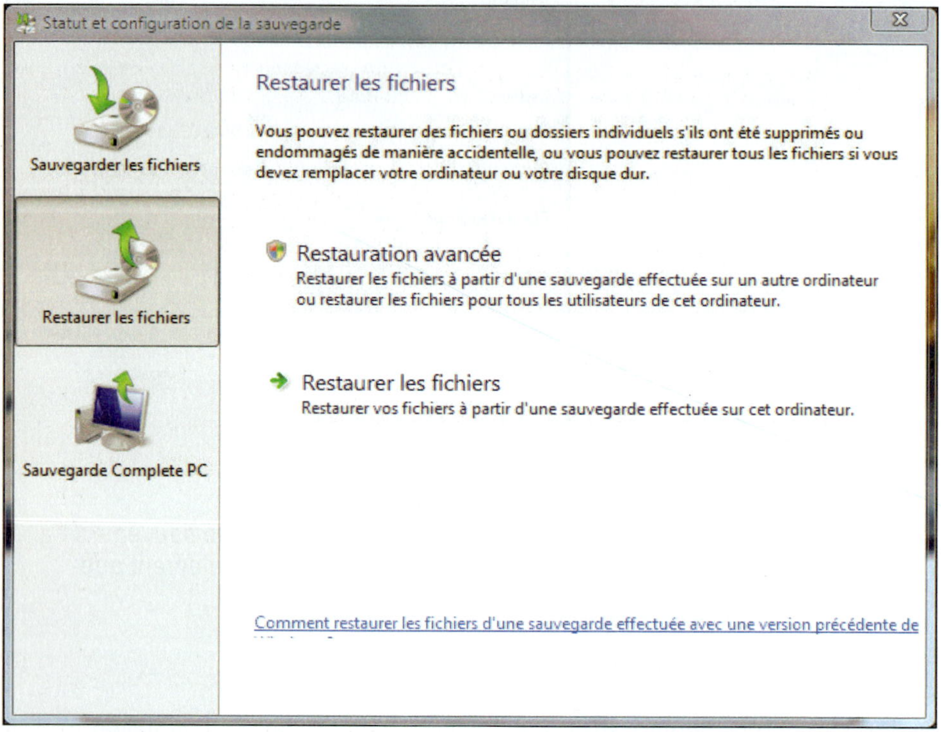

Au terme de cette procédure de restauration, il ne reste plus qu'à redémarrer votre ordinateur pour rendre opérationnel les paramètres de configuration et accéder aux documents de travail que vous venez de copier.

Tout savoir *sur votre système*

Enfin, pour mettre toutes les chances de votre côté et réussir votre migration, il est nécessaire de bien connaître votre environnement de travail. Vous devez pour cela identifier toutes les applications installées sur votre système, les pilotes matériel utilisés et les composants logiciel ou matériel que vous exploitez. Dès lors, il convient d'adopter des outils spécifiques pour accéder rapidement à ce type d'informations. Pour cela :

1 Ouvrez le Panneau de configuration de Windows à partir de menu **Démarrer** de la Barre des tâches.

2 Double-cliquez sur l'icône *Ajout/Suppression de programmes* pour ouvrir une fenêtre avec la liste de toutes les applications installées sur votre système.

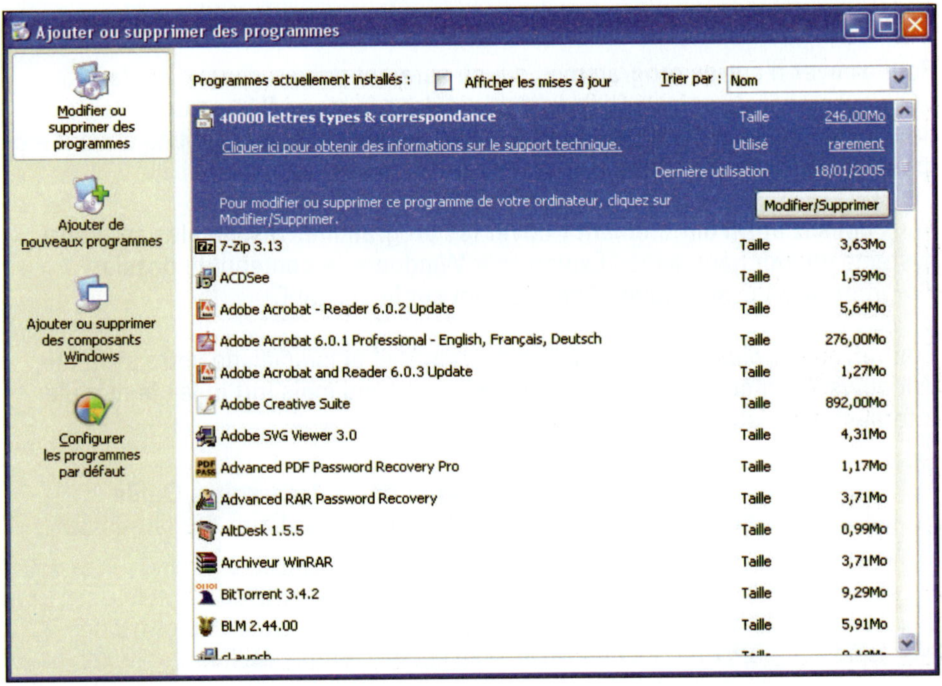

3 Pour afficher également toutes les mises à jour installées sur votre système, cliquez sur l'option *Afficher les mises à jour*, située en haut de la fenêtre.

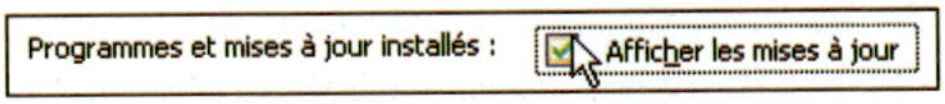

4 Si vous avez installé un grand nombre de programmes, il peut s'avérer plus intéressant de définir vos propres critères de classement. Sélectionnez alors une des options proposées sous la liste déroulante intitulée *Trier par* :

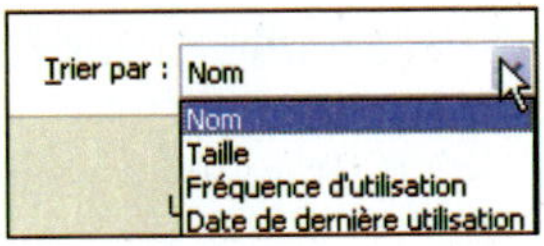

- *Nom* : trier la liste par ordre alphabétique avec les noms des programmes ;

- *Taille* : trier la liste en fonction de la taille des programmes installés ;
- *Fréquence d'utilisation* : classer la liste des applications selon leur fréquence d'utilisation ;
- *Date de dernière utilisation* : trier la liste selon les dates de dernière utilisation des programmes.

Pour trouver d'autres programmes qui ne seraient pas présents dans la liste que vous venez de voir, vérifiez également dans le menu **Démarrer** de la Barre des tâches, sous la catégorie **Tous les programmes**, les applications qui ont été installées sur votre système.

Vous pouvez aussi directement trouver les programmes disponibles sur votre système en affichant, avec l'Explorateur Windows, le contenu du dossier *Program Files* qui se trouve généralement sur le disque C.

Pour en savoir plus sur les composants, matériel et logiciel, de votre système, Windows XP intègre un second module, peu connu mais fort utile : le module Informations système. Procédez ainsi :

1 Sélectionnez la commande **Tous les programmes/Accessoires/Outils système/Informations système** du menu **Démarrer** de la Barre des tâches de Windows.

2 Le module Informations système apparaît et plusieurs types d'informations relatifs à votre équipement et votre matériel peuvent être consultés :

- *Résumé système* : informations concernant Windows XP (numéro de version, nom de l'ordinateur, emplacement du répertoire d'installation du système, fuseau horaire utilisé, type de processeur, taille de la mémoire physique et virtuelle, emplacement et espace occupé par le fichier d'échange, etc.) ;
- *Ressources matérielles* : informations utiles pour dépanner votre système. Vous pourrez ici détecter des conflits de type matériel, ce qui s'avère fort utile avant d'effectuer votre migration vers Windows Vista ;
- *Composants* : informations techniques sur votre matériel (lecteur ou graveur CD/DVD, périphériques audio, carte vidéo, modem, carte réseau, disques durs, etc.) ;

Obtenir rapidement une information

Pour obtenir rapidement une information sur votre système, utilisez la fonctionnalité de recherche intégrée du module. Il suffit de saisir les mots-clés de votre choix dans la zone de texte conçue à cet effet et de cliquer sur le bouton **Rechercher**.

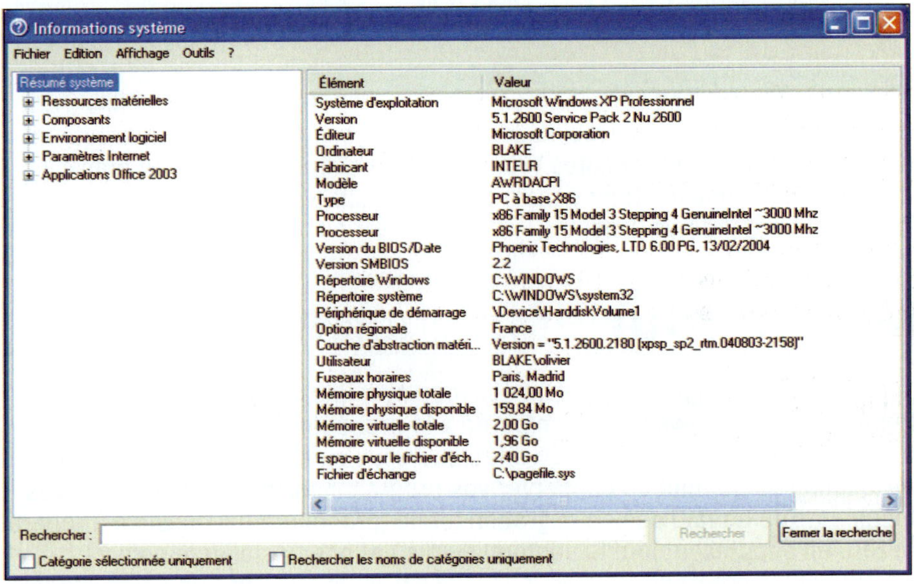

- *Environnement logiciel* : liste des pilotes dédiés à votre matériel (composants, telle une carte vidéo, ou périphérique, une imprimante par exemple) ;
- *Paramètres Internet* : accès à la configuration d'Internet Explorer et à la liste des plug-ins installés ;
- *Applications Office 2003* : informations sur toutes les applications issues de la suite bureautique Microsoft Office que vous avez installées sur votre système.

Chapitre 4

Installer Windows Vista

Vous avez effectué vos sauvegardes ? Vous avez résolu tous les conflits avec vos périphériques ? Vous avez également vérifié sur le site des constructeurs de votre matériel que les pilotes Windows Vista sont disponibles au public ? Vous allez enfin pouvoir faire passer votre environnement de travail sous l'interface de Windows Vista.

Mise à jour et migration

La procédure de migration vers un nouveau système a considérablement changé avec Windows Vista, comparée à la procédure mise en œuvre avec tous les systèmes précédents. En effet, que vous optiez pour une mise à jour (installation qui permet de conserver vos programmes, vos paramètres et vos documents de travail) ou une migration totale (procédure qui consiste à repartir de zéro en supprimant tout le contenu du disque pour installer le nouveau système et les programmes que vous utilisez), vous effectuez une installation propre.

Concrètement, si vous choisissez une mise à jour de Windows XP pour passer à Windows Vista, la procédure d'installation va mettre de côté vos paramètres, programmes et documents de travail, nettoyer complètement la partition principale qui contiendra votre nouveau système, installer Windows Vista puis restaurer vos programmes, paramètres et documents de travail.

Quelle que soit la procédure choisie, mise à jour ou migration totale, la technique d'installation reste la même.

Procédure de migration

1 Assurez-vous que votre lecteur DVD est défini comme première unité de démarrage dans le BIOS de votre ordinateur. Démarrez votre ordinateur.

2 Pressez la touche qui vous permet d'entrer dans l'interface de configuration de votre BIOS. Si la touche Suppr ne fonctionne pas, reportez-vous à la documentation de votre carte mère pour connaître la procédure d'accès à l'interface de configuration du BIOS. Toutefois, pendant la procédure de démarrage de l'ordinateur, un message spécifie généralement à l'écran quelle touche vous devez employer.

3 Après avoir affiché l'interface qui vous permet de paramétrer le BIOS, utilisez les flèches de direction de votre clavier pour vous déplacer dans la section dédiée aux paramètres avancés ou à la configuration du boot.

4 Toujours avec les flèches de direction de votre clavier, placez-vous sur la ligne correspondant à la première unité de démarrage du système.

5 Enfoncez la touche Entrée pour accéder aux options de démarrage.

6 Sélectionnez le lecteur CD/DVD et validez par Entrée.

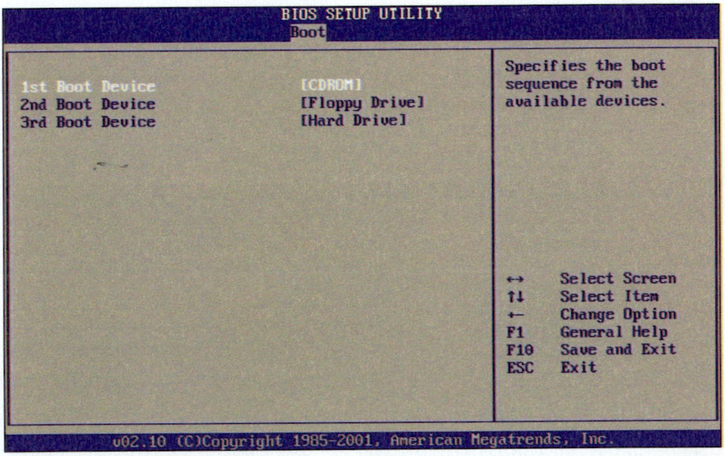

7 Déplacez-vous sur la ligne correspondant à la seconde unité de démarrage. Sélectionnez votre disque dur.

8 Pressez la touche Echap pour revenir à la fenêtre d'accueil du BIOS.

9 Pour enregistrer votre nouvelle configuration, sélectionnez la ligne *Save & Exit Setup* ou pressez la touche F10 et validez par Entrée le message de confirmation qui apparaît.

Désormais, lorsque votre ordinateur démarrera, il cherchera en premier sur le lecteur CD/DVD le système de boot. S'il ne le trouve pas, il le cherchera sur votre disque dur. Vous pouvez conserver cette configuration même après avoir installé Windows Vista sur votre disque.

Une fois cette vérification faite, passez à la procédure d'installation proprement dite :

1 Insérez le DVD d'installation de Windows Vista dans votre lecteur DVD.

2 Redémarrez votre machine.

3 Au démarrage de l'ordinateur, un message affiché à l'écran vous propose d'appuyer sur n'importe quelle touche du clavier pour démarrer à partir du lecteur DVD. Pressez par exemple la touche Entrée.

4 Après avoir analysé votre équipement, l'interface de l'Assistant d'installation apparaît à l'écran. Sélectionnez les options *Français* dans les listes déroulantes *Langue à installer*, *Format de l'heure et de la monnaie* et *Clavier ou méthode d'entrée*. Cliquez sur le bouton **Suivant**.

5 Avant de démarrer la procédure d'installation, vous pouvez cliquer sur le premier lien *À lire avant d'installer Windows* pour consulter les recommandations de Microsoft afin de mettre en place son nouveau système. Si vous avez déjà installé Windows Vista et si, après avoir installé un nouveau programme par exemple, vous rencontrez des erreurs, cliquez sur le lien *Réparer l'ordinateur* pour remplacer certains fichiers système endommagés par ceux proposés sur le DVD d'installation.

6 Après avoir lu les recommandations d'installation et les informations produit de Microsoft, cliquez sur le bouton **Installer** pour démarrer la procédure.

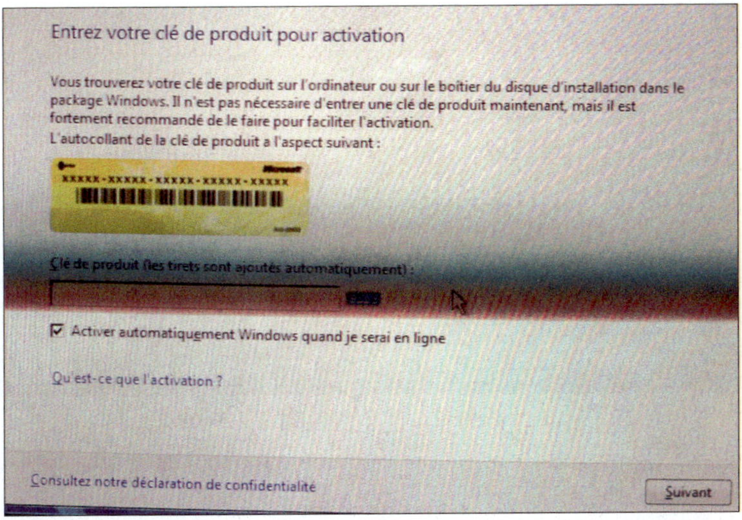

7 Inscrivez, dans la zone de texte *Clé de produit* le numéro de série que vous trouverez sur un autocollant posé sur le boîtier du DVD d'installation de Windows Vista. Il n'est pas nécessaire de saisir les tirets qui séparent chaque chiffre du numéro de série, l'Assistant d'installation se charge de les ajouter automatiquement.

8 Cochez l'option *Activer automatiquement Windows quand je serai en ligne* si votre machine est reliée à Internet. De cette façon, lorsque l'installation sera terminée, le système sera automatiquement activé sans qu'il soit nécessaire de le faire manuellement.

9 Cliquez sur le bouton **Suivant**.

10 Les conditions d'utilisation de Windows Vista s'affiche. Prenez le temps de les lire et cochez l'option *J'accepte les termes du contrat de licence* avant de passer à l'étape suivante.

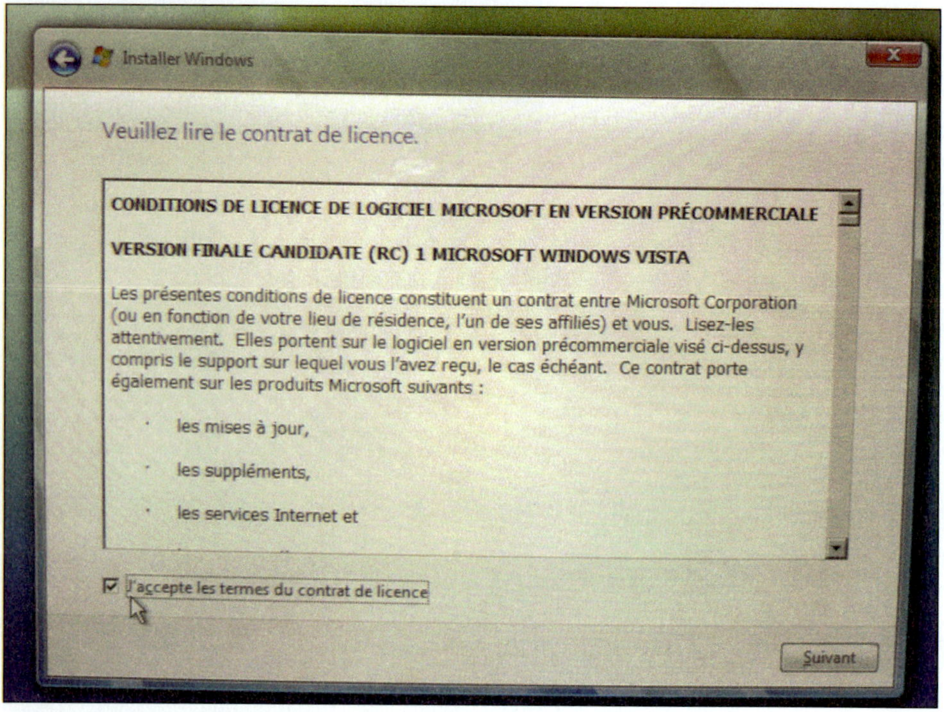

11 Choisissez le type de migration que vous souhaitez effectuer. Vous disposez des deux options suivantes :

- *Mise à niveau* permet de conserver tous vos paramètres, programmes et documents de travail. Cette procédure correspond à une mise à jour de votre système existant. Si vous optez pour cette solution, vérifiez que vous disposez d'une sauvegarde de tous vos documents personnels par sécurité.

- *Personnalisée (option avancée)* efface tout le contenu de votre disque pour installer la nouvelle version de votre système d'exploitation. Vous avez la possibilité de sélectionner le disque qui contiendra votre système et de formater vos partitions, voire de modifier leur taille. Vous devez impérativement disposer d'une sauvegarde de tous vos documents de travail et des disques d'installation de vos programmes. Vous devrez en outre paramétrer complètement votre système (création des comptes utilisateur, installation des pilotes de vos périphériques si nécessaire, etc.).

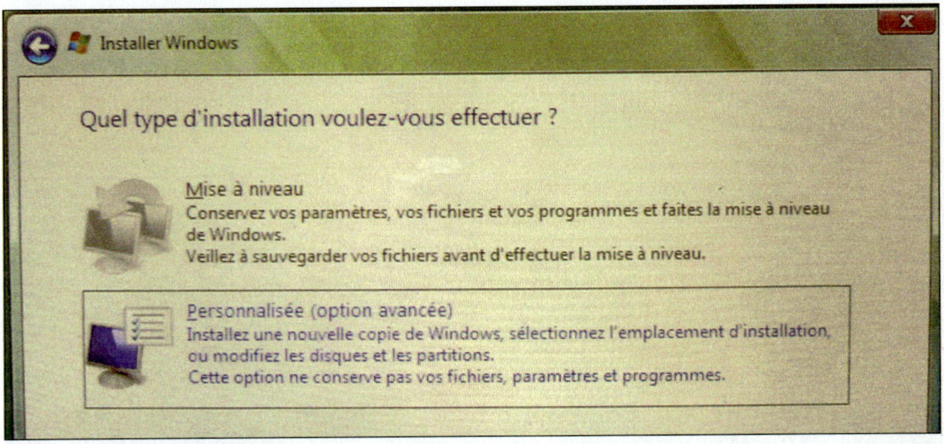

12 Cliquez sur l'option de votre choix pour démarrer la procédure d'installation. Dans notre exemple, nous avons choisi l'option *Personnalisée (option avancée)*. L'option *Mise à niveau* permet de démarrer immédiatement l'installation sans que l'utilisateur ait à intervenir jusqu'à la fin de la procédure. Dans notre cas, avec la seconde option sélectionnée, il convient d'indiquer encore certains paramètres.

13 Sélectionnez le disque qui contiendra les fichiers d'installation de votre nouveau système d'exploitation. À ce stade, plusieurs options s'offrent à vous :

- **Actualiser**. Si vous avez effectué des modifications sur vos disques et que cela n'apparaisse pas à l'écran, cliquez sur ce bouton pour rafraîchir l'affichage.
- **Supprimer** permet de supprimer la partition sélectionnée.

- **Formater**. Si vous avez créé une nouvelle partition, cliquez sur ce bouton pour la formater. Vous pouvez également utiliser cette commande pour effacer définitivement toutes les données contenues sur un disque ou une partition.

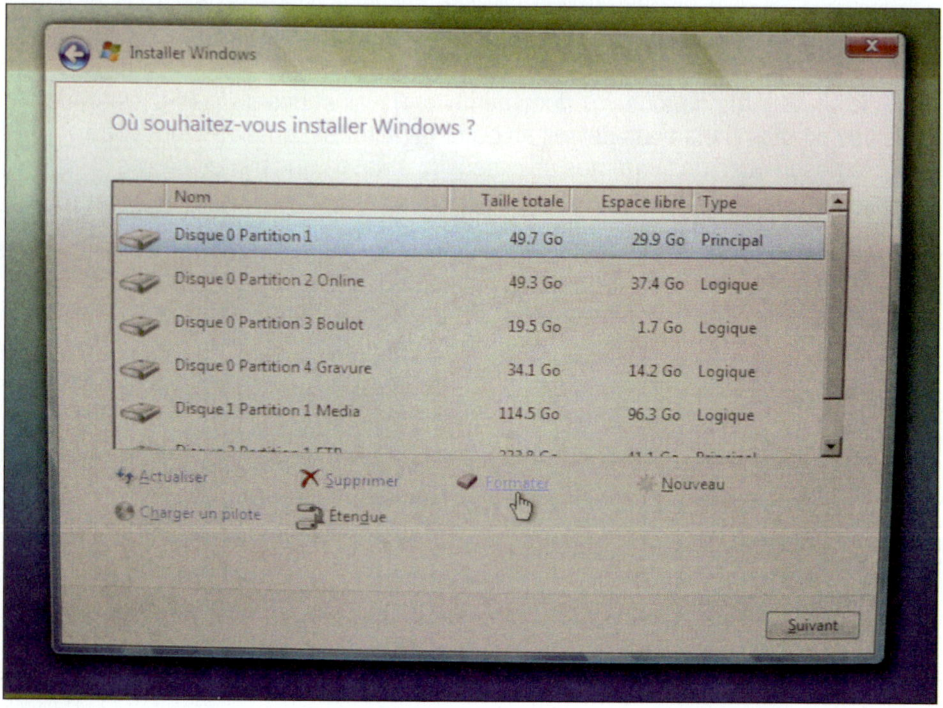

- **Nouveau** permet de créer une nouvelle partition sur un disque.
- **Charger un pilote**. Certains disques, tels ceux qui utilisent l'interface standard SCSI (pour *Small Computer System Interface*), ont parfois besoin d'un pilote spécifique pour leur carte qui leur permet d'être reconnu par le système. Dans ce cas, utilisez cette commande pour charger le pilote correspondant à partir de votre lecteur CD/DVD ou du lecteur de disquettes, par exemple. Le pilote sera copié sur votre ordinateur et intégré dans le système au même titre que tous les autres fichiers système. Une fois reconnu, rien ne vous empêchera, si vous le souhaitez, de copier les fichiers d'installation de Windows Vista sur le disque correspondant.
- **Étendue** permet de créer une nouvelle partition de type étendue.

Les partitions

Un disque dur ne peut pas contenir un nombre illimité de partitions. Dès lors, vous pouvez créer jusqu'à quatre partitions principales ou trois partitions principales et une partition étendue. À l'inverse, dans une partition étendue, vous pouvez définir un nombre illimité de partitions, que l'on nomme dans ce cas, partitions logiques. Concrètement, une partition étendue permet de contourner la limite de quatre partitions par disque. Elle ne contient pas de données en elle-même, mais des partitions logiques. Et c'est ces dernières qui permettront de stocker toutes vos données.

14 Pour illustrer le fonctionnement de ces commandes à ce stade de l'installation, nous allons formater l'unité de disque principal. Sélectionnez le disque C: dans la liste et cliquez sur la commande **Formater**.

15 Le programme vous prévient que toutes les données stockées sur la partition sélectionnée seront définitivement supprimées. Validez par OK.

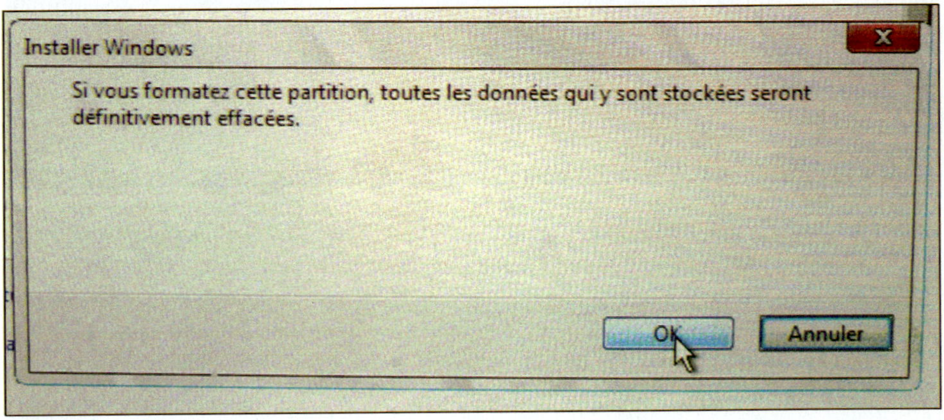

16 Le formatage de la partition sélectionnée démarre. Au terme de cette opération, la liste de toutes vos partitions s'affichent. Il ne vous reste plus qu'à cliquer sur le bouton **Suivant** pour commencer l'installation.

17 La procédure d'installation se déroule en quatre étapes principales : copie des fichiers, décompression des fichiers, installation du système et installation des mises à jour si elles existent. Vous disposez d'un écran de contrôle qui vous permet

de suivre la progression de chaque étape. Vous n'avez à intervenir pour aucune des phases de l'installation.

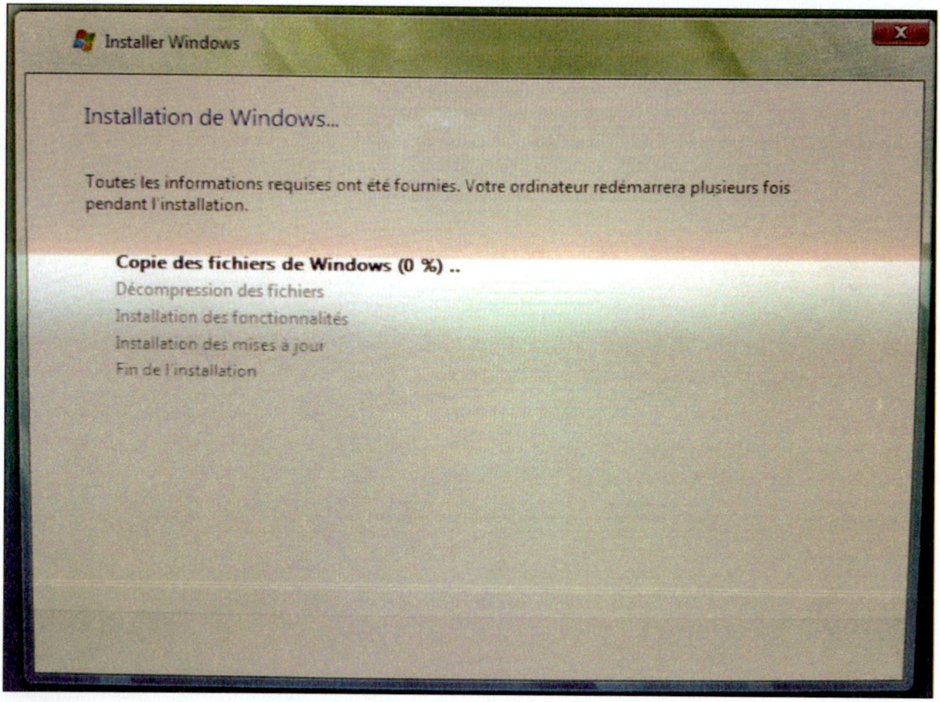

18 Au terme de cette procédure, le message *Fin de l'installation* apparaît en gras à la fin de la liste des quatre étapes de l'installation et votre ordinateur redémarre automatiquement.

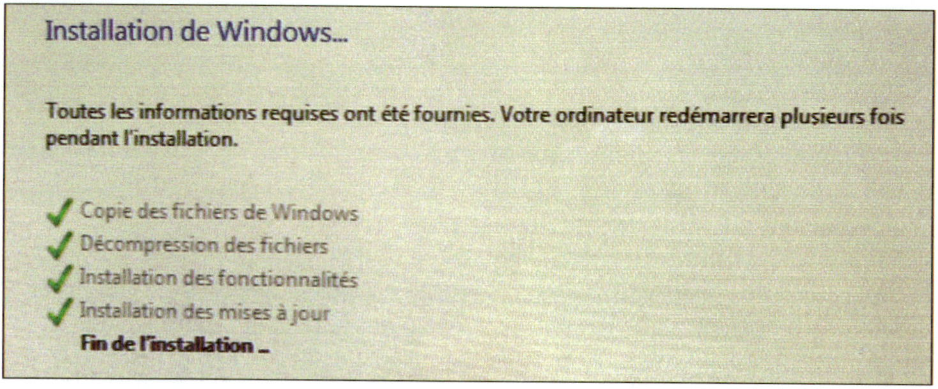

Configuration du système

Votre nouveau système d'exploitation est désormais installé. Si vous avez choisi l'option d'installation personnalisée, qui nécessite de paramétrer de nouveau votre système et de réinstaller tous vos programmes, passez à la procédure de configuration. Celle-ci commence automatiquement après le redémarrage de votre ordinateur. Procédez ainsi :

1 Lorsque votre ordinateur redémarre, et si vous avez laissé le DVD d'installation dans le lecteur DVD, n'appuyez pas sur une touche de votre clavier comme on vous le propose pour démarrer à partir du lecteur DVD. Attendez que le BIOS passe sur votre disque dur pour trouver les fichiers de démarrage du nouveau système que vous venez d'installer.

2 Windows Vista démarre pour la première fois sur votre ordinateur. Il affiche une boîte de dialogue qui constitue la première étape de la configuration du système. Inscrivez votre nom dans la zone de texte *Entrez un nom d'utilisateur* et un mot de

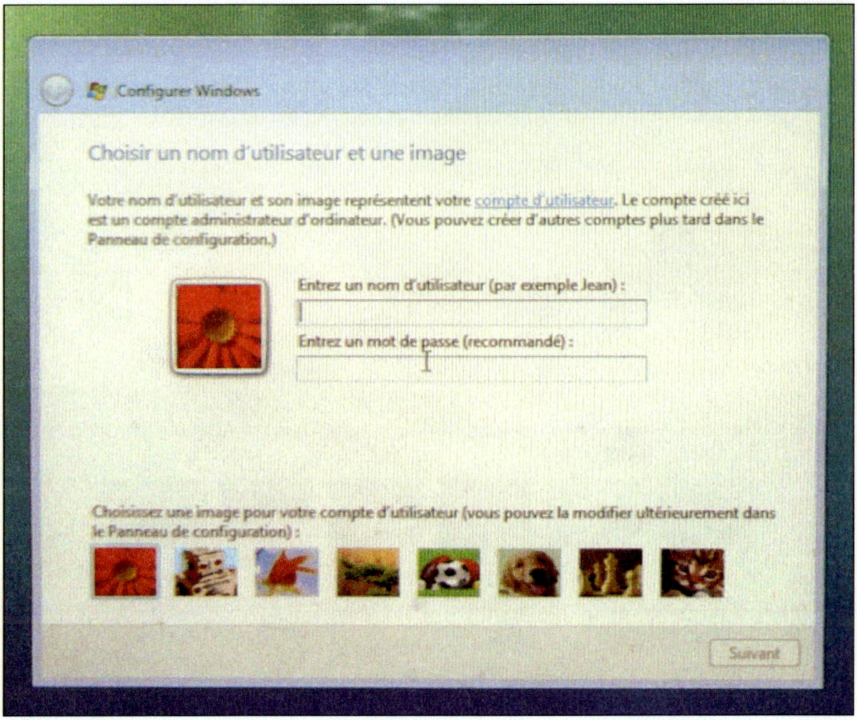

passe dans la zone de texte *Entrez un mot de passe*. Si vous êtes seul à utiliser votre machine et que celle-ci ne soit pas partagée avec d'autres utilisateurs tels les membres de votre famille ou des collègues de travail, vous n'êtes pas obligé d'indiquer un mot de passe. Dans ce cas, le démarrage du système et la sortie de veille seront plus rapides puisque vous n'aurez pas à le saisir. Néanmoins, cette façon de procéder n'est pas conseillée par souci de sécurité et de confidentialité de vos données. Sachez que rien ne vous empêche de revenir sur votre décision et d'indiquer ou de supprimer, ensuite, un mot de passe associé à votre compte à partir du module dédié à la gestion des comptes utilisateur disponible dans le Panneau de configuration.

3 Dans la seconde section de la boîte de dialogue, cliquez sur une image qui sera associée à votre compte utilisateur. Celle-ci s'affichera dans le menu **Démarrer** et sur l'écran de connexion au système. Cliquez sur le bouton **Suivant**.

4 Saisissez dans la zone de texte *Entrez un nom d'ordinateur* un nom qui identifiera votre ordinateur. Cela s'avère particulièrement utile si vous êtes connecté à un réseau local.

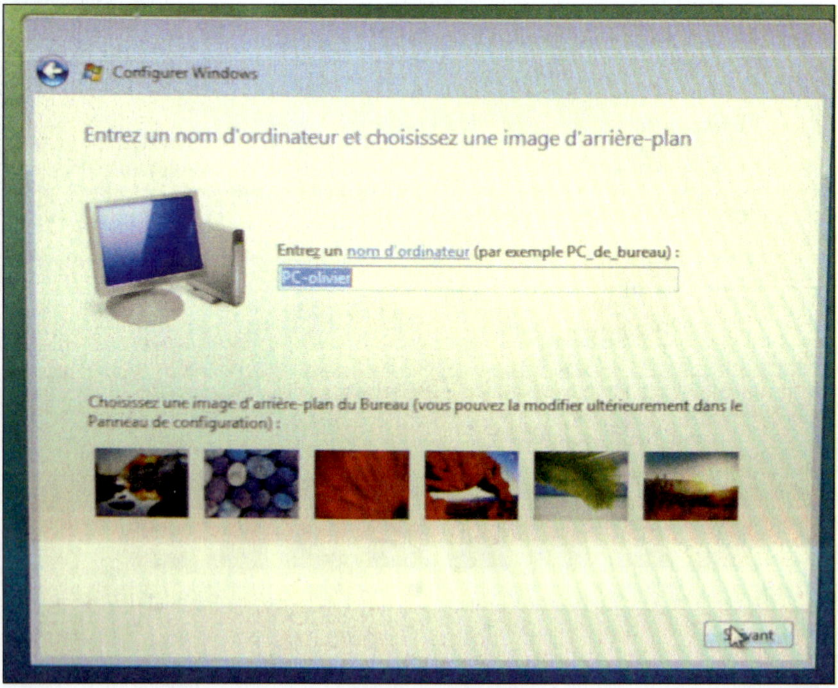

5 Dans la seconde section de la boîte de dialogue, cliquez sur une image qui apparaîtra en arrière-plan sur votre Bureau Windows. Vous aurez la possibilité, à partir du module de personnalisation disponible dans le Panneau de configuration, d'en sélectionner une autre ou d'en définir une de votre choix à partir de vos images personnelles (photos de vacances, par exemple). Passez à l'étape suivante.

6 Le Bureau de Windows Vista apparaît et une boîte de dialogue, dédiée à la configuration de la sécurité du système, apparaît à l'écran. Vous disposez des trois options suivantes :

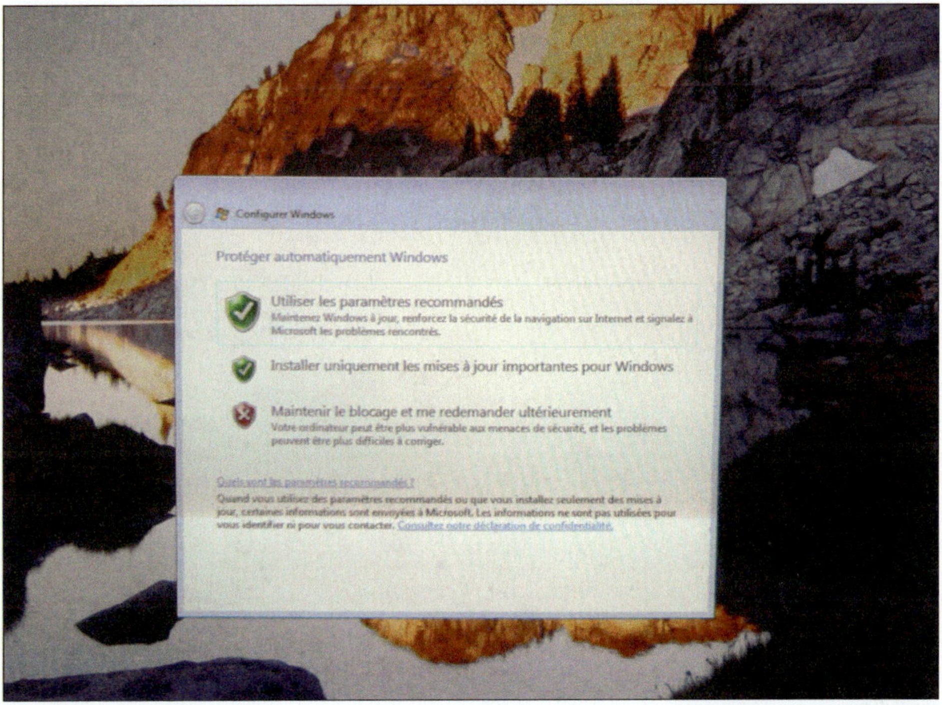

- *Utiliser les paramètres recommandés* active la procédure de mise à jour automatique et la protection Internet (pare-feu, par exemple). Permet d'envoyer également des rapports d'erreur lorsqu'un dysfonctionnement se produit avec Windows Vista.
- *Installer uniquement les mises à jour importantes pour Windows* active uniquement la procédure de mise à jour automatique pour installer les correctifs critiques liés à la sécurité du système.

- *Maintenir le blocage et me redemander ultérieurement* correspond au mode Manuel. La protection du système et sa mise à jour ne se font plus de façon automatisée.

7 Après avoir sélectionné une des trois options, définissez les paramètres du fuseau horaire selon l'emplacement où vous habitez. Sélectionnez l'option *(GMT+01:00) Bruxelles, Copenhague, Madrid, Paris* à partir de la liste déroulante *Fuseau horaire* si vous habitez en France.

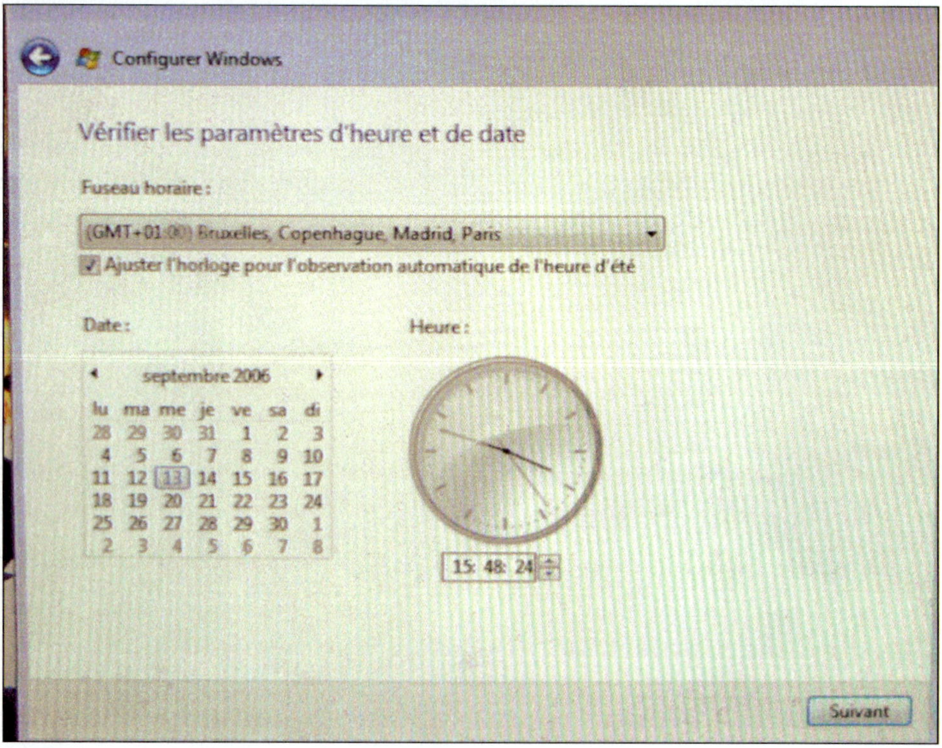

8 Cochez l'option *Ajuster l'horloge pour l'observation automatique de l'heure d'été* si vous souhaitez que le système passe automatiquement en heure d'hiver ou en heure d'été.

9 Vérifiez que la date et l'heure indiquées sont correctes. Si ce n'est pas le cas, vous devrez probablement régler ces paramètres dans le BIOS de votre carte mère.

En attendant, et si c'est nécessaire, vous pouvez corriger l'heure et la date avec les commandes prévues à cet effet dans la boîte de dialogue **Vérifier les paramètres d'heure et de date**. Cliquez sur le bouton **Suivant**.

10 Si Windows Vista détecte que votre ordinateur est connecté à un réseau, il affiche une boîte de dialogue spécifique qui vous permettra de définir correctement les paramètres qui conviendront à votre connexion.

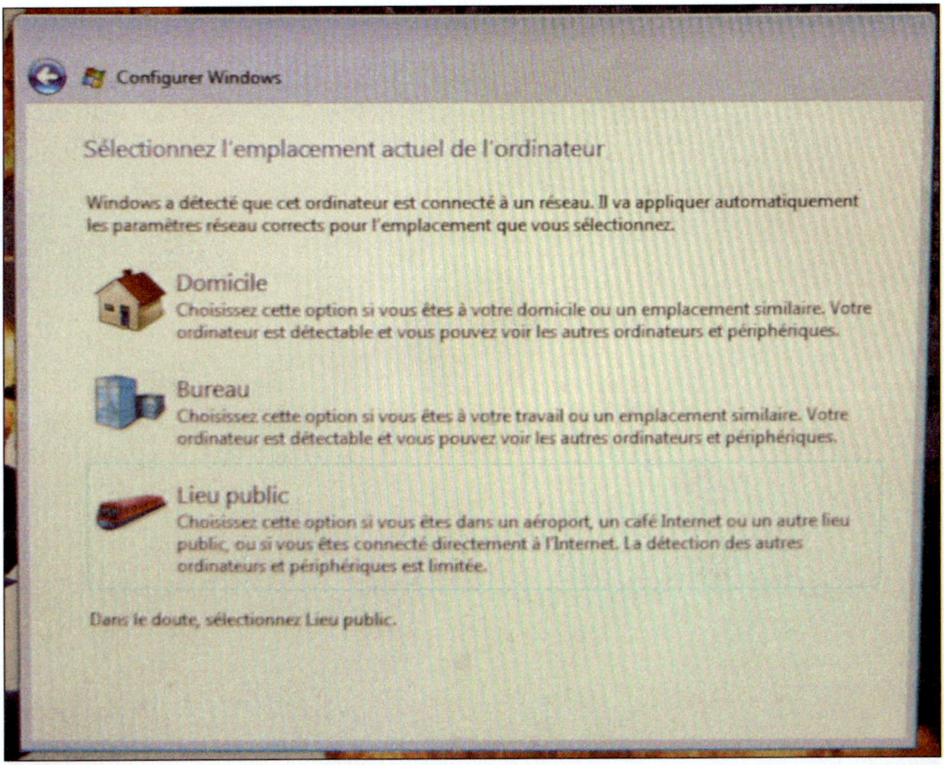

- *Domicile*. Si votre ordinateur est installé dans votre maison ou appartement, cliquez sur cette option. Votre machine sera ainsi facilement accessible sur votre réseau local.

- *Bureau*. Si vous utilisez votre ordinateur sur votre lieu de travail, utilisez cette option pour mettre en place une configuration mieux adaptée aux environnements professionnels.

- *Lieu public*. Si vous travaillez sur un ordinateur portable et que vous vous connectiez à des réseaux publics (connexion Wi-Fi, entre autres), cochez cette option. Votre ordinateur sera alors protégé et les informations qu'il contient ne seront pas accessibles à partir de ce type de réseau.

11 Après avoir effectué la configuration réseau de votre ordinateur, la procédure de configuration est terminée. Cliquez sur le bouton **Démarrer**.

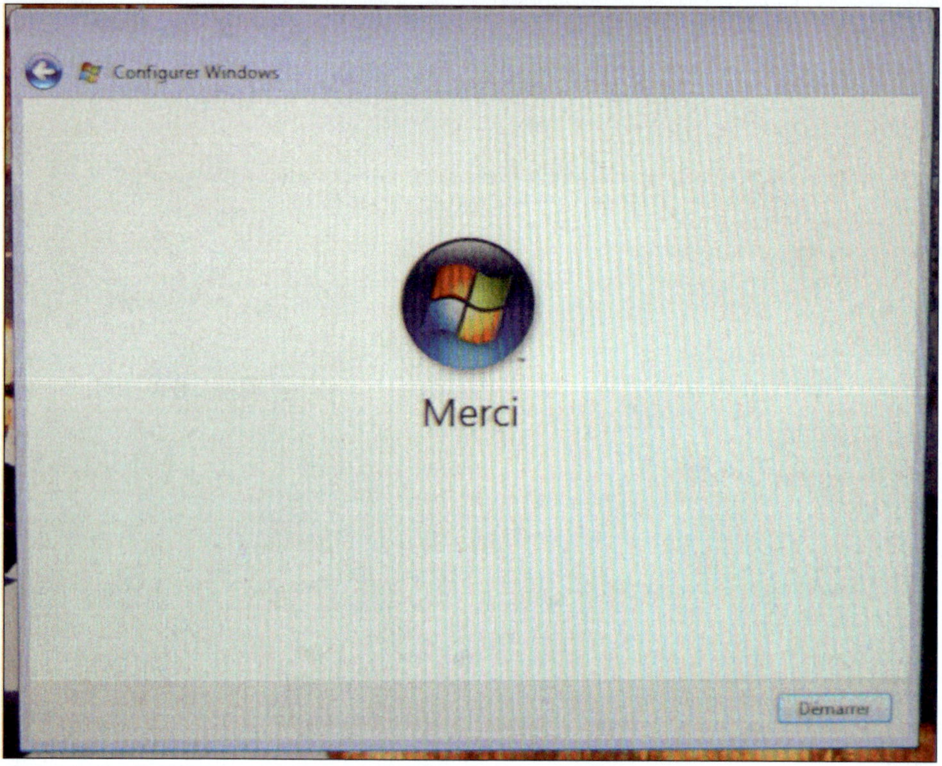

Pour en savoir plus sur l'interface graphique Windows Aero et les scores des différents composants de votre machine, reportez-vous au chapitre 2 *Évaluer votre configuration*, et plus particulièrement à la section *Test de votre PC sous Windows Vista*.

12 Un test des performances de tous les composants de votre machine est automatiquement lancé. Cela permettra d'obtenir un score de base et de déterminer si votre ordinateur dispose d'une puissance suffisante pour exécuter l'interface graphique Windows Aero.

13 Lorsque la procédure de test est terminée, le système démarre et un message de bienvenue s'affiche à l'écran.

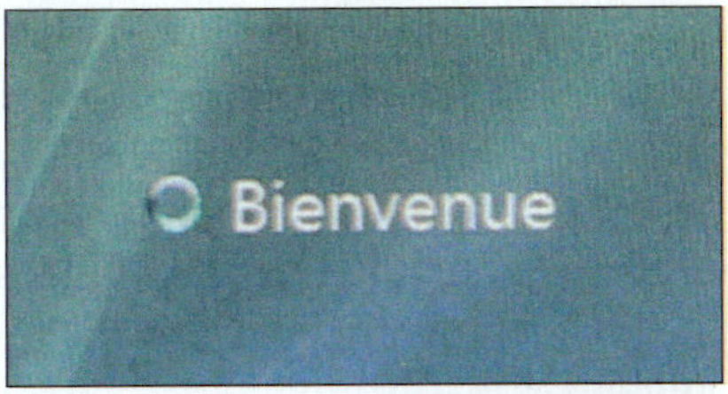

14 Lors du premier démarrage, un certain temps peut être nécessaire pour préparer votre Bureau et un message vous permet de suivre à l'écran le déroulement de l'opération.

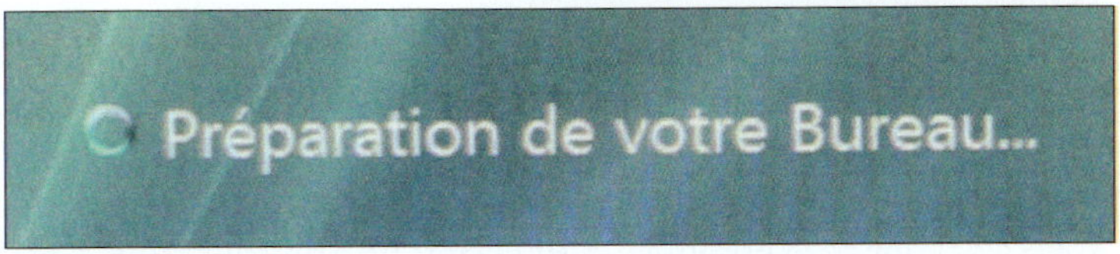

15 Le Bureau de Windows Vista s'affiche. Votre système est opérationnel.

Personnalisation *de votre système*

La configuration effectuée pendant la procédure d'installation permet d'obtenir un système fonctionnel, une base sur laquelle vous pouvez travailler mais qui ne pourra probablement pas exploiter toutes les spécificités de votre équipement.

C'est pourquoi la seconde étape du paramétrage de Windows Vista consiste à personnaliser votre environnement de travail avec tous les modules conçus à cet effet dans le Panneau de configuration. Pour cela :

1 Sélectionnez la commande **Panneau de configuration** à partir du menu **Démarrer**.

2 La page d'accueil du Panneau de configuration apparaît et propose différentes rubriques thématiques (réseau, sécurité, matériel, etc.) pour configurer dans les moindres détails votre environnement de travail.

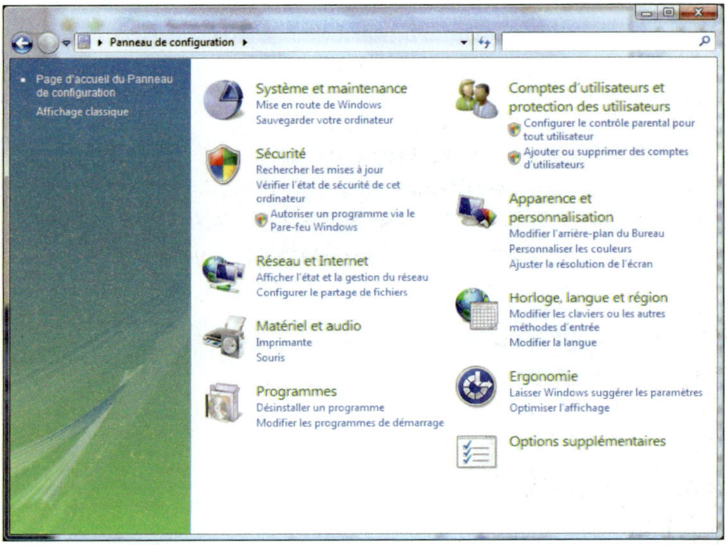

3 Pour accéder à tous les modules de configuration, cliquez sur le lien *Affichage classique* dans le menu de gauche de la fenêtre. Vous disposez ainsi d'un accès direct à tous les paramètres de configuration de Windows Vista. Chaque icône proposée permet d'afficher une boîte de dialogue spécifique pour configurer un composant ou une fonctionnalité du système :

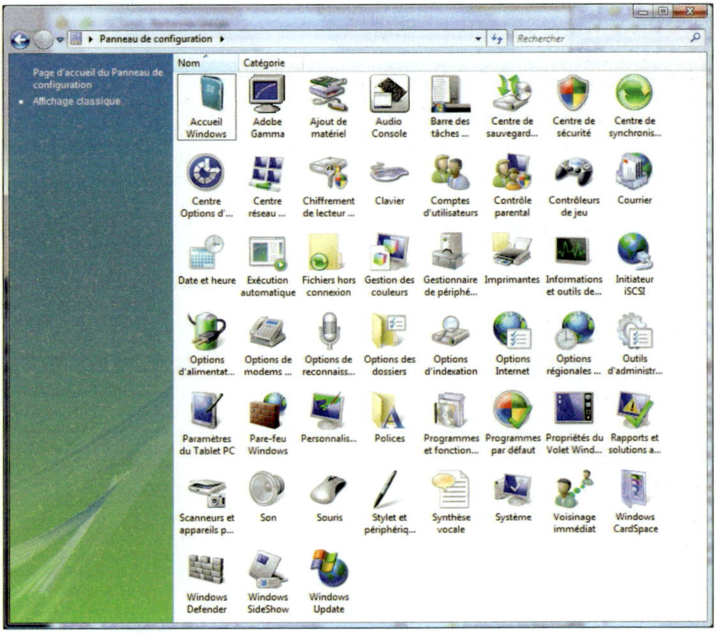

- *Accueil Windows* affiche la fenêtre d'accueil de Windows Vista.

- *Ajout de matériel* démarre l'Assistant Ajout de matériel pour installer les pilotes correspondant à votre nouveau matériel.

- *Barre des tâches et menu Démarrer* permet de paramétrer l'apparence et le comportement de la Barre des tâches. Vous pouvez également classer ici le contenu du menu **Démarrer**.

- *Centre de sauvegarde* permet d'effectuer des sauvegardes de vos paramètres système et de vos documents de travail. Vous pouvez également sauvegarder l'intégralité de votre ordinateur.

- *Centre de sécurité* donne accès à tous les paramètres de sécurité de votre ordinateur (mise à jour automatique, messages d'alerte, activation du pare-feu, etc.).

- *Centre de synchronisation* permet de synchroniser vos données entre votre ordinateur et des appareils mobiles.
- *Centre Options d'ergonomie* permet d'activer certains outils pour améliorer l'utilisation de votre système (loupe, narrateur, outils pour non-voyants, etc.).
- *Centre réseau et partage* permet de contrôler l'état du réseau et de modifier ses paramètres.
- *Chiffrement de lecteur BitLocker* permet de chiffrer le contenu de vos disques pour conserver la confidentialité de vos informations.
- *Clavier* permet de personnaliser le fonctionnement du clavier (rapidité du clignotement du curseur par exemple).
- *Comptes d'utilisateurs* permet la création ou la modification de comptes utilisateur sur votre ordinateur.
- *Contrôle parental* permet la mise en place d'un dispositif de protection contre les contenus sensibles sur Internet lorsque vos enfants utilisent votre machine pour se connecter en ligne.
- *Contrôleur de jeu* permet de connecter et configurer des périphériques dédiés aux jeux (manettes de jeu, entre autres).
- *Courrier* donne accès aux profils créés dans Microsoft Outlook.
- *Date et heure* permet de modifier la date et l'heure du système.
- *Exécution automatique* définit l'action à exécuter lorsque vous insérez un CD ou un DVD dans le lecteur CD/DVD.
- *Fichiers hors connexion* permet de paramétrer les fichiers partagés pour les utiliser lorsque le réseau ou le serveur n'est pas disponible.
- *Gestion des couleurs* définit le rendu des couleurs pour certains périphériques tel le scanneur.
- *Gestionnaire de périphériques* permet de mettre à jour les pilotes de votre matériel.

- *Imprimantes* permet d'ajouter et configurer des imprimantes locales ou en réseau.
- *Informations et outils de performance* permet d'évaluer les performances de votre ordinateur.
- *Initiateur iSCSI* définit les paramètres de configuration de vos périphériques de stockage iSCSI disponibles sur le réseau.
- *Options d'alimentation* permet de gérer l'alimentation électrique de votre ordinateur.
- *Options de modems et téléphonie* permet de configurer votre modem.
- *Options de reconnaissance vocale* permet d'activer le fonctionnement de la reconnaissance vocale sur l'ordinateur.
- *Options des dossiers* définit les paramètres d'affichage de vos dossiers.
- *Options d'indexation* détermine les options de l'indexation de vos données pour optimiser la fonction de recherche de Windows Vista.
- *Options Internet* donne accès aux paramètres de connexion à Internet.
- *Options régionales et linguistiques* permet de personnaliser les paramètres d'affichage des langues, des nombres, de l'heure et de la date.
- *Outils d'administration* donne accès à différents outils d'administration de l'ordinateur (gestion de l'impression, moniteur de fiabilité et de performances, observateur d'événements, outil de diagnostic de la mémoire, démarrage ou arrêt des services, sources de données ODBC, etc.).
- *Paramètres du Tablet PC* permet de configurer votre ordinateur et son écran pour exploiter toutes les fonctionnalités de la technologie Tablet PC.
- *Pare-feu Windows* permet d'activer et de configurer le pare-feu Internet de Windows Vista.
- *Personnalisation* permet de modifier ou de changer de thème pour votre environnement de travail.

- *Polices* permet de modifier l'affichage du texte et d'installer de nouvelles polices de caractères.
- *Programmes et fonctionnalités* permet de désinstaller et de modifier les programmes contenus dans votre ordinateur.
- *Programmes par défaut* définit les programmes à exécuter automatiquement pour certaines tâches telles la consultation de votre courrier électronique, la retouche photo ou la lecture de la musique.
- *Propriétés du Volet Windows* définit l'apparence et le contenu du Volet Windows.
- *Rapport et solutions aux problèmes* permet l'assistance en ligne pour la résolution de certains dysfonctionnements du système.
- *Scanneurs et appareils photo* permet l'ajout, la suppression et la configuration des scanneurs et des appareils photo.
- *Son* permet la configuration audio.
- *Souris* permet de paramétrer les différentes options de la souris (vitesse de défilement des pages avec la molette centrale, par exemple).
- *Stylet et périphériques d'entrée* permet de configurer les options de votre stylet pour les Tablet PC.
- *Synthèse vocale* permet de modifier la configuration de la reconnaissance vocale.
- *Système* affiche des informations générales sur votre système et permet de modifier certains de ses paramètres.
- *Voisinage immédiat* permet de travailler en groupe avec plusieurs utilisateurs à proximité de votre ordinateur.
- *Windows CardSpace* permet de créer et d'envoyer des cartes pour vous identifier sur certains sites.

- *Windows Defender* est un dispositif de protection contre des logiciels indésirables de type espion.
- *Windows SideShow* permet la connexion et la configuration d'un second écran pour afficher certaines informations lorsque votre ordinateur est éteint.
- *Windows Update* donne accès aux mises à jour de Windows Vista.

Certains modules de configuration peuvent apparaître dans le Panneau de configuration en fonction des programmes ou du matériel que vous installez. Par exemple, votre carte son ou votre carte graphique peuvent disposer de leur propre module de configuration qui sera directement accessible à partir du Panneau de configuration.

Chapitre 5

Déployer Windows Vista

Dans un environnement professionnel, le passage à Windows Vista ne s'effectue pas aussi simplement que dans un environnement domestique. Plusieurs paramètres doivent être pris en compte : nombre de postes concernés par l'opération, type de réseau, équipement homogène ou hétérogène pour chaque poste, etc.

Dans tous les cas, si vous administrez un parc informatique, vous devez vous équiper en conséquence pour mener à bien votre procédure de migration, sans risque de perte de données pour votre entreprise.

Adopter des outils professionnels

Microsoft met à la disposition des professionnels des outils spécifiques pour effectuer la migration de toutes les machines de leur entreprise. Comme nous allons le voir, ces outils seront utiles uniquement dans certaines situations. Nous pensons plus particulièrement à USMT (*User State Migration Tool*) et à WAIK (*Windows Automated Installation Kit*) qui comprend, notamment, le gestionnaire d'image système.

Migration avec USMT

L'outil USMT correspond à une version plus puissante de l'Assistant Transfert de fichiers et paramètres Windows que nous avons présenté au chapitre 3 *Préparer la migration*, section *Sauvegarder vos données*. Toutefois, USMT est recommandé lorsque vous devez automatiser votre migration sur un grand nombre de postes (on parle alors de déploiement). Concrètement, si vous devez effectuer votre migration sur un seul ordinateur ou quelques-uns (pour les PME), mieux vaut conserver l'Assistant Transfert de fichiers et paramètres

Windows qui s'avère plus adapté à la situation, USMT ne s'adressant qu'aux administrateurs d'un parc informatique important.

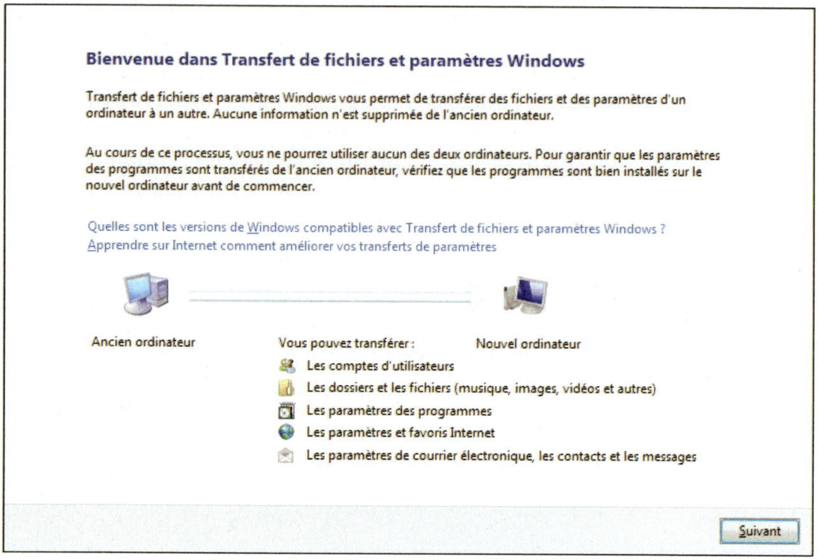

USMT permet de récupérer toutes les informations relatives aux comptes utilisateur et les données qui leur sont associées, ce qui comprend les documents de travail, les paramètres du Bureau et certains paramètres de programmes. Le transfert de toutes ces données, vers Windows Vista, peut en outre être automatisé avec des scripts.

La sauvegarde des données, avec USMT, s'effectue sur un serveur et la restauration est réalisée après l'installation de Windows Vista. Pour ces deux tâches, USMT propose deux outils spécifiques :

- *ScanState* sauvegarde les comptes utilisateur et les données associés.
- *LoadState* restaure les comptes utilisateur et les données sur le nouveau système.

Pour récupérer les comptes utilisateur sur un système Windows XP, vous devez dans un premier temps copier USMT sur votre ordinateur. Vous le trouverez sur le CD-ROM d'installation de Windows XP Professionnel, dans le répertoire *Valueadd/MSFT/USMT*.

Il suffit ensuite d'ouvrir une fenêtre d'invite de commandes pour lancer la commande **ScanState** à partir du dossier où vous avez copié les fichiers de l'outil USMT. Vous obtiendrez un fichier *USMT3.MIG* qui correspond à un fichier image compressé. Il contiendra toutes les données collectées. Ensuite, vous devrez restaurer les données à partir de ce fichier avec la commande **LoadState** sous Windows Vista. L'intérêt d'obtenir ici un fichier image compressé de toutes vos données permet d'économiser de la bande passante sur votre réseau.

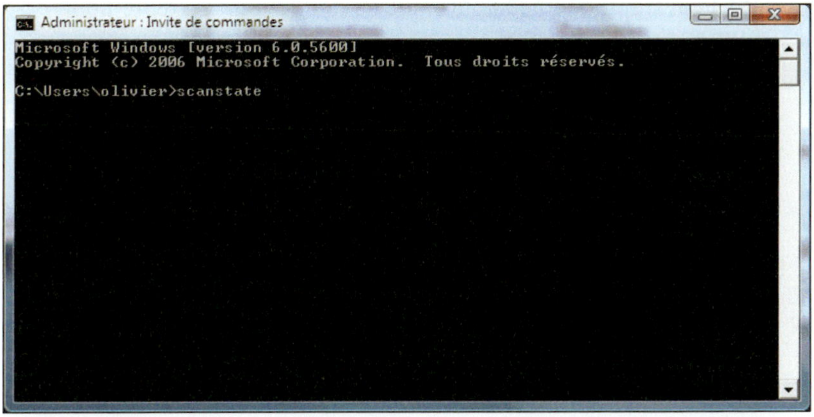

USMT permet de récupérer vos paramètres de comptes utilisateur à partir de différents systèmes d'exploitation Microsoft : Windows 2000 Professionnel avec le Service Pack 4 (SP4) installé, Windows XP Professionnel, Windows XP Édition familiale, Windows XP Professionnel X64 et Windows Vista.

Attention, si USMT peut récupérer automatiquement les données associées à vos comptes utilisateur, certaines d'entre elles ne seront cependant pas intégrées dans le fichier image qui permettra la migration.

Les données récupérées par USMT sont les suivantes :

- options d'accessibilités : paramètres dédiés à l'ergonomie du système ;
- paramètres de la ligne de commande : configuration de l'exécution de certaines commandes en mode Texte ;
- Bureau : paramètres du Bureau pour chaque utilisateur ;

- connexions : configuration des connexions pour accéder au réseau de votre fournisseur d'accès Internet ;
- favoris : adresses Internet enregistrées dans Internet Explorer ;
- options des dossiers : paramètres d'affichage des répertoires dans l'Explorateur Windows ;
- polices : récupération de toutes les polices de caractères installées dans le système avec les paramètres d'affichage du texte pour l'interface ;
- navigateur : tous les paramètres d'Internet Explorer pour la navigation (sécurité par exemple) et l'affichage des pages web entre autres ;
- messagerie : tous les paramètres d'Outlook Express ainsi que ses messages ;
- souris et clavier : configuration des principaux périphériques d'entrée ;
- répertoires *Mes documents* : contenu du dossier *Mes documents* ;
- répertoires *Ma musique* : contenu du dossier *Ma musique* ;
- répertoires *Mes images* : contenu du dossier *Mes images* ;
- répertoires *Mes fichiers reçus* : contenu du dossier *Mes fichiers reçus* ;
- répertoires *Mes vidéos* : contenu du dossier *Mes vidéos* ;
- téléphonie et modem : enregistrement de toutes les options relatives à la configuration des modems et de la téléphonie ;
- lecteur CD/DVD : sauvegarde des options de démarrage ;
- options régionales : enregistrement des paramètres de langue et d'affichage des nombres, de la date et de l'heure ;
- écran de veille : configuration d'affichage de votre écran de veille ;
- son : paramètres des sons associés à votre matériel et aux événements de votre système ;

- Barre des tâches : sauvegarde les paramètres du menu **Démarrer** et de la Barre des tâches.

De nombreux paramètres sont récupérés automatiquement avec USMT mais certaines données doivent être sauvegardées manuellement avant la migration. Nous attirons particulièrement votre attention sur les données suivantes que vous devrez archiver par vos propres moyens avant d'effectuer la migration générale de tous les postes de votre entreprise :

- Programmes. Vérifiez que vous possédez les disques d'installation de chaque programme utilisé par votre entreprise. De plus, les paramètres des applications ne sont pas toujours sauvegardés par USMT (par exemple, les informations d'accès aux serveurs contenues dans votre client FTP) et il convient, par sécurité, de les sauvegarder vous-même. Notez cependant que les paramètres de certaines applications, telles Outlook Express ou Adobe Acrobat, sont récupérés dans le fichier image généré par USMT.
- Pilotes. Pensez, avant la migration, à créer un CD ou un DVD de tous les pilotes dont vous aurez besoin pour finaliser l'installation de Windows Vista.
- Librairies. Les librairies, ou fichiers DLL, ne sont pas sauvegardées par USMT. Pensez à sauvegarder manuellement celles que vous avez mises à jour et qui ne sont pas intégrées dans vos disques d'installation.
- Matériel : les paramètres d'installation du matériel, pour les disques durs ou les lecteurs CD/DVD par exemple, ne sont pas sauvegardés automatiquement avec USMT.
- Mot de passe. Aucun mot de passe n'est enregistré avec USMT, pensez à en conserver une liste pour les intégrer ensuite au nouveau système.
- Fichiers à synchroniser. Les données en cours de synchronisation entre deux ordinateurs ne sont pas sauvegardées.
- Certificats. Les certificats EFS (*Encrypting File System*) ne sont pas récupérés, sauf si vous utilisez l'option *copyraw* avec la commande **ScanState**.

Options et scripts

Pour fonctionner, USMT utilise des scripts au format XML qui correspondent à des règles de migration. Ces scripts peuvent être générés automatiquement avec la commande **ScanState** et l'option *genconfig* ou créés manuellement. Ils permettent d'indiquer quels comptes utilisateur USMT doivent être récupérés, et quels fichiers et paramètres. Voici les fichiers de migration que vous pouvez éditer :

- *MigApp.xml* : paramètres de migration des applications.
- *MigSys.xml* : paramètres de migration de la configuration du système. Lorsque vous migrez vers un système Windows Vista, il n'est pas nécessaire de modifier ce fichier.
- *MigUser.xml* : paramètres de migration des comptes utilisateur.

Après avoir modifié ces différents fichiers, vous devez générer automatiquement le fichier *Config.xml* en utilisant l'option *genconfig* avec la commande **ScanState**. Si vous avez modifié les règles de migration proposées par défaut, vous devez exécuter la commande **LoadState** avec l'option */config:config.xml* et l'option */i* pour indiquer les autres fichiers XML que vous avez modifiés.

Les options de ScanState et LoadState

Pour obtenir une liste de toutes les options disponibles avec les commandes **ScanState** et **LoadState**, exécutez la commande `scanstate /?`.

Voici les principales options que vous pouvez utiliser avec la commande **ScanState** :

- */config* indique le fichier *config.xml* à utiliser pour créer le fichier image.
- */efs:copyraw* permet de générer les certificats EFS (fonctionne uniquement pour la migration vers Windows Vista).
- */encrypt* permet de chiffrer le fichier image utilisé pour la migration.
- */genconfig* permet la création du fichier *config.xml*.

- */nocompress* désactive l'algorithme de compression pour la creation du fichier image.
- */targetxp* optimise l'outil USMT lorsque la migration du système doit s'effectuer vers un système Windows XP.
- */ue* permet d'exclure de la migration certains comptes utilisateur et des domaines.
- */uel* permet d'exclure de la migration certains utilisateurs en fonction de la date de leur dernière connexion sur le système.
- */ui* permet d'intégrer certains comptes utilisateur et domaine dans la migration.

La commande **LoadState** propose également ses propres options dont voici les principales que vous pouvez adopter si nécessaire :

- */config* indique quel fichier *config.xml* doit être utilisé pour restaurer les données sur le nouveau système.
- */decrypt* permet de déchiffrer les données que vous avez cryptées.
- */md* permet la modification des noms de domaine pendant la procédure
- */mu* permet la modification des noms des utilisateurs.
- */nocompress* permet d'indiquer à USMT que les données à restaurer n'ont pas été compressées.
- */ue* permet d'exclure de la migration certains comptes utilisateur et des domaines.
- */uel* permet d'exclure de la migration certains utilisateurs en fonction de la date de leur dernière connexion sur le système.
- */ui* permet d'intégrer certains comptes utilisateur et domaine dans la migration.

Windows Automated *Installation Kit*

Une des principales nouveautés de Windows Vista par rapport aux précédentes versions de Windows repose sur la modularisation.

Chaque édition de Vista contient un code commun qui représente, en fait, plus de 95 % des fonctionnalités de Windows Vista. Dès lors, ce qui différencie chaque édition correspond à un petit module supplémentaire qui vient s'ajouter à la base commune (par exemple, un package pour ajouter le support d'une langue spécifique). Dans ces conditions, le déploiement de Windows Vista dans les entreprises se trouve considérablement simplifié.

De plus, tous les fichiers d'installation de Windows Vista sont désormais diffusés sous la forme d'une image au format *WIM* (*Windows Imaging Format*), dans le fichier *install.wim* disponible dans le répertoire *sources*. Rien ne vous interdit alors de créer vos propres fichiers WIN qui contiendront les modules de votre choix pour déployer Windows Vista dans votre entreprise à partir d'une seule et unique image, même si vos postes utilisent des versions différentes du système. De plus, les fichiers WIM sont compressés pour occuper le moins de place possible. Vous pouvez les modifier à n'importe quel moment avec un outil appelé WAIK (*Windows Automated Installation Kit*).

Cet outil est disponible pour les professionnels (administrateur et développeur) sur le site de Microsoft. Il sera également disponible sur le DVD d'installation de la version finale de Windows Vista, mais pas dans les distributions des versions bêta.

WAIK propose une nouvelle commande à exécuter en mode Texte : **XImage** (ou **ImageX** selon la version de WAIK dont vous disposez). Elle permet de créer et de mettre à jour vos propres fichiers d'installation de Windows Vista à partir d'une image WIM. Pour connaître la syntaxe complète de XImage, exécutez la commande *ximage /?* dans le dossier du kit d'installation (généralement *AIK\Tools\x86*). Voici les principales options que vous pouvez utiliser avec cette commande :

- */append* ajoute une image dans un fichier WIM existant.
- */apply* applique une image à un disque spécifique.
- */capture* récupère une image dans un nouveau fichier WIM.
- */commit* permet d'appliquer les modifications effectuées dans un fichier WIM qui a été chargé avec l'option *mount*.

- */compress* active un mode de compression.
- */delete* permet la suppression d'une image dans un fichier WIM.
- */dir* affiche une liste des dossiers et des fichiers contenus dans un fichier WIM.
- */export* permet de transférer une image d'un fichier WIM vers un autre.
- */info* permet d'afficher la description XML d'un fichier WIM.
- */split* sépare en plusieurs parties un fichier WIM.
- */verify* permet la vérification des fichiers extraits d'un fichier WIM.
- */mount* charge une image en lecture seule dans un dossier spécifique.
- */mountrw* charge une image dans un dossier spécifique.
- */unmount* retire l'image du dossier en cours.
- */mountrw switch* permet de charger une image dans un dossier spécifique pour travailler dessus de la même manière qu'avec n'importe quel autre dossier. Lorsque vous déchargerez l'image, toutes les modifications effectuées seront automatiquement appliquées sans qu'il soit nécessaire de reconstruire complètement la nouvelle image.

Pour modifier une image avec XImage, il est nécessaire d'installer auparavant un filtre particulier :

1 Ouvrez le dossier qui contient le kit d'installation que vous avez installé sur votre système. Il se trouve, par défaut, dans *C:\Program Files\Windows AIK\Tools\x86.*

2 Cliquez du bouton droit sur le fichier *wimfltr.inf*.

3 Sélectionnez, à partir du menu contextuel qui s'affiche, la commande **Installer**.

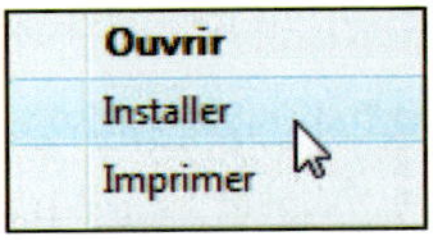

4 Pour charger dans le répertoire *c:\vista* l'image WIM de Windows Vista qui se trouve, par exemple, dans le dossier *c:\vista_image*, utilisez une des deux commandes suivantes :

```
imagex /mountrw c:\vista c:\vista_image\install.wim 1
```

ou

```
ximage /mountrw c:\vista c:\vista_image\install.wim 1.
```

Automatiser les installations

Lorsque vous effectuez un déploiement de Windows Vista sur un grand nombre de postes, vous n'avez pas le temps de répondre aux différentes questions de l'Assistant d'installation. C'est pourquoi les outils de WAIK vous permettent d'intégrer dans vos images d'installation toutes les informations requises : numéro de série, nom de l'ordinateur et de l'organisation, nom d'utilisateur, etc.

Pour intégrer ces informations, vous devez exécuter le gestionnaire d'image système situé dans le groupe de programmes *Microsoft Windows AIK* (icône *Windows System Image Manager*).

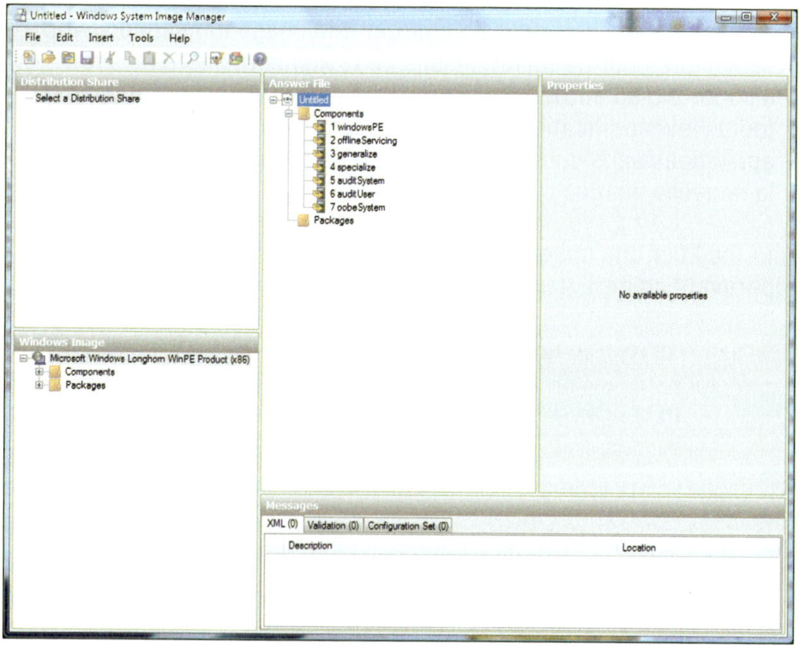

Pour ajouter vos réponses dans l'image WIM que vous allez déployer dans votre entreprise, la technique ne pose aucune difficulté :

1 Démarrez le gestionnaire d'image système.

2 Sélectionnez la commande **Select Windows Image** du menu **File** pour charger l'image WIM correspondant à celle de l'installation de Windows Vista.

3 Sélectionnez la commande **New Answer File** du menu **File** pour créer le fichier de réponses qui permettra d'automatiser la procédure d'installation.

4 Pour ajouter vos réponses, cliquez du bouton droit sur un composant dans l'interface du gestionnaire d'image. Sélectionnez le type de réponse à intégrer à partir du menu contextuel qui s'affiche.

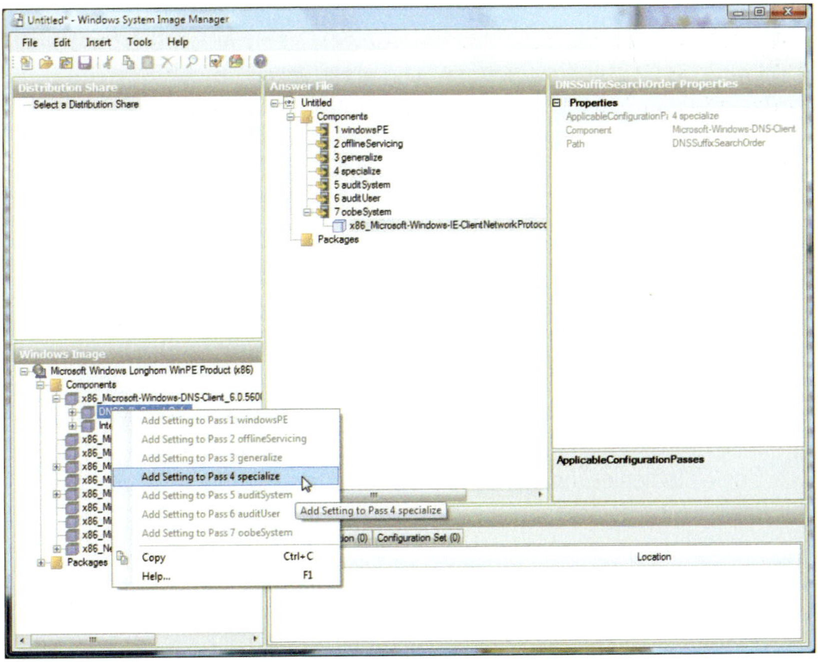

5 Inscrivez l'information à intégrer dans le panneau des propriétés correspondant au composant que vous venez de sélectionner.

Passons au déploiement de Windows Vista :

1 Créez un dossier dans lequel vous copierez le fichier d'installation de Windows Vista, à savoir l'image *install.wim*. Dans notre exemple, nous avons créé le répertoire *vistaimage*.

2 Insérez le DVD d'installation de Windows Vista dans le lecteur correspondant.

3 Accédez au contenu du répertoire *Sources* du DVD d'installation.

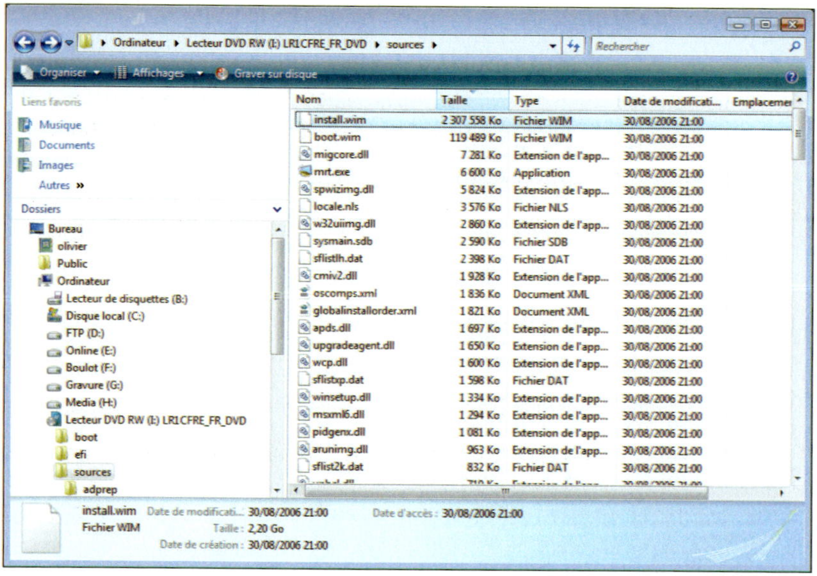

4 Copiez le fichier *install.wim* sur votre disque dur, dans le répertoire que vous venez de créer.

5 Créez un nouveau dossier sur le disque dur pour charger l'image que vous venez de copier. Dans notre exemple, nous avons créé le répertoire *vistamount*.

6 Chargez l'image dans le dossier que vous venez de créer avec la commande **imagex** ou **ximage**.

Dans notre exemple, nous avons utilisé la commande suivante :

```
imagex /mountrw h:\vistamount h:\vistaimage\install.wim 1
```

ou

```
ximage /mountrw h:\vistamount h:\vistaimage\install.wim 1.
```

Désormais, vous pouvez naviguer dans le contenu de l'image WIN et consulter ses dossiers et fichiers.

Vous pouvez personnaliser l'image comme vous le souhaitez en ajoutant des dossiers et fichiers ou en modifiant le contenu de ses fichiers.

Au terme de votre travail, n'oubliez pas de démonter l'image que vous venez de personnaliser avec les options */unmount* et */commit* de XImage.

Dans notre exemple, nous avons exécuté la commande suivante :

```
ximage /unmount /commit h:\vistamount
```

ou

```
imagex /unmount /commit h:\vistamount.
```

Passons à la création du fichier de réponses associé à l'image WIN que vous venez de personnaliser. Ce fichier de réponses *unattend.xml* permettra d'automatiser totalement l'installation de Windows Vista.

Procédez ainsi :

1. Démarrez le gestionnaire d'image système que nous avons présenté précédemment.

2. Chargez le fichier *install.win* que vous avez personnalisé et sélectionnez la commande de création de fichier réponse.

3. Ajoutez les réponses de votre choix aux différents composants de l'image d'installation, comme nous vous l'avons indiqué précédemment.

Si vous devez intégrer des programmes dans votre image d'installation, la procédure de création de l'image n'est pas totalement terminée :

1 Installez Windows Vista sur un ordinateur en utilisant l'image que vous venez de créer et le fichier *unattend.xml* que vous avez obtenu.

2 Installez toutes les applications que les ordinateurs de votre entreprise utilisent et que vous souhaitez intégrer dans votre fichier image. Vous pouvez également ajouter des pilotes matériels et des correctifs.

3 Insérez le DVD d'installation de Windows Vista dans votre lecteur DVD.

4 Redémarrez votre ordinateur à partir du DVD d'installation de Windows Vista.

5 Appuyez simultanément sur les touches Maj+F10 pour basculer en mode Ligne de commande dans l'environnement Windows PE (*Preinstallation Environment*).

Windows PE

Windows PE correspond à une nouveauté de Windows Vista. Cet environnement désigne l'image *boot.win* disponible dans le répertoire Sources du DVD d'installation de Windows Vista.

Lorsque vous démarrez à partir du DVD, vous utilisez cette image pour effectuer l'installation du système. Windows PE s'avère également fort utile pour toute opération de maintenance ou pour corriger certains dysfonctionnements du système.

6 Capturez dans une image WIN le système et toutes les applications que vous venez d'installer en utilisant les commandes de XImage à partir de l'environnement Windows PE. La technique consiste à capturer tout le disque C dans une image WIN. Dans notre exemple, nous avons créé l'image *installperso.win* à la racine du disque D en exécutant la commande suivante :

```
ximage /capture c: d:\installperso.wim
```

ou

```
imagex /capture c: d:\installperso.wim.
```

Attention à l'attribution des lettres aux différentes unités de votre ordinateur (disques durs, lecteur DVD, etc.) lorsque vous démarrez à partir d'un lecteur CD ou DVD. Ces lettres peuvent changer et, par exemple, le disque C peut correspondre en fait au disque D.

7 Gravez l'image obtenue sur un DVD-R ou copiez-la sur un serveur de votre réseau.

Il ne vous reste plus qu'à utiliser cette image pour déployer Windows Vista sur tous les postes de votre entreprise.

Modifiez
les lettres de vos unités

Avant de procéder à l'installation de Windows Vista, vous pouvez, si vous l'estimez nécessaire, modifier les lettres attribuées à chacune de vos unités : disques durs, lecteur CD/DVD, graveur, etc. En effet, lorsque vous installez un nouveau lecteur CD/DVD ou une autre unité de support amovible, voire un nouveau disque dur, vous pouvez rencontrer certains problèmes relatifs à l'attribution de leurs lettres d'unité. Cela peut générer de nombreux dysfonctionnements (installation ou désinstallation de programmes impossibles, mauvaise reconnaissance du matériel, etc.). Et il convient de les résoudre avant d'effectuer la migration. Pour cela :

1 Sélectionnez la commande **Paramètres/Panneau de configuration** à partir du menu **Démarrer** de la Barre des tâches de Windows.

2 Dans la fenêtre qui s'affiche, double-cliquez sur l'icône *Outils d'administration*.

3 Double-cliquez sur l'icône *Gestion de l'ordinateur*.

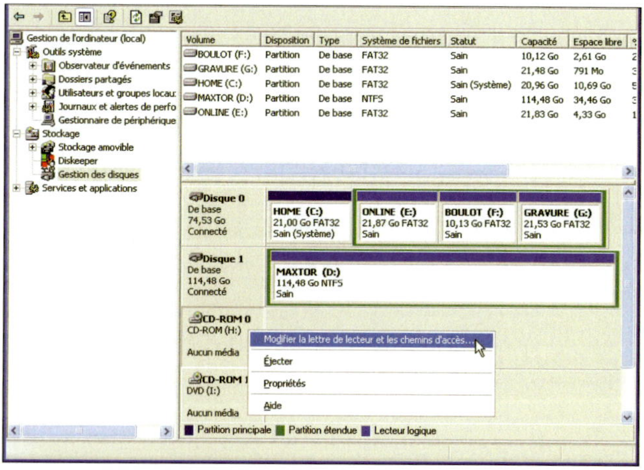

4 Dans la fenêtre qui apparaît, cliquez sur l'entrée *Gestion des disques* du menu de gauche. Dans le cadre inférieur droit, cliquez du bouton droit sur la ligne correspondant au lecteur de CD/DVD. Sélectionnez la commande **Modifier la lettre de lecteur et les chemins d'accès** du menu contextuel.

5 Dans la boîte de dialogue qui s'affiche, cliquez sur le bouton **Modifier**.

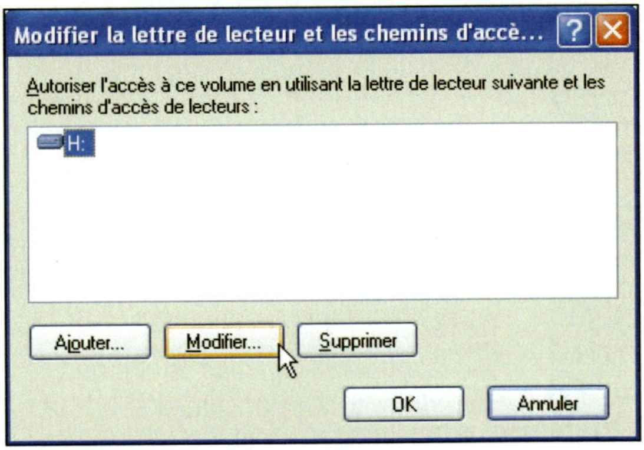

6 Une nouvelle boîte de dialogue apparaît. Cochez l'option *Attribuer la lettre de lecteur suivante* et sélectionnez la lettre *Z* à partir de la liste déroulante située à droite de cette option.

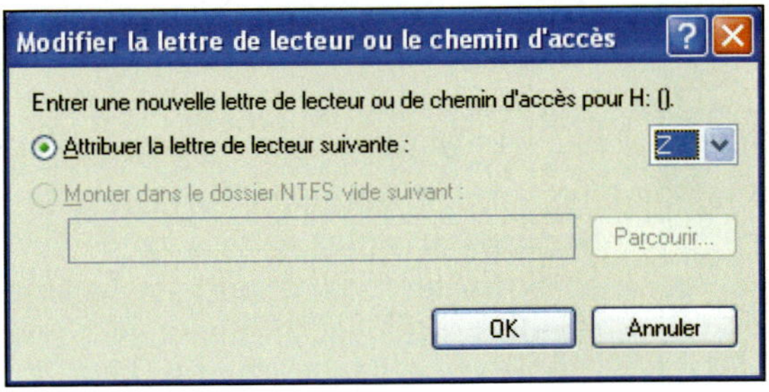

7 Validez par OK toutes les boîtes de dialogue. Refermez la fenêtre principale de gestion de l'ordinateur avant de redémarrer votre ordinateur pour que vos modifications soient prises en compte.

Cette technique permet de préserver la lettre d'unité du lecteur CD/DVD lorsque vous créez ou supprimez une partition. De fait, le système d'exploitation affectera toutes les autres lettres d'unité disponibles avant d'utiliser la lettre Z, ce qui permet de ne pas modifier automatiquement la lettre d'unité du lecteur CD/DVD.

Testez
la sécurité

Après avoir installé Windows Vista et l'avoir configuré, notamment au niveau de la sécurité du système lorsque vous vous connectez à Internet, il peut être intéressant d'effectuer une vérification en ligne de la solidité de votre protection. Pour cela :

1 Connectez-vous sur le site de Gibson Research Corporation (http://grc.com/default.htm) et cliquez sur le lien *ShieldsUP!* de la section *Hot Spots*.

2 Dans la seconde page qui s'affiche, cliquez sur le premier bouton **Proceed**.

3 Vous disposez de plusieurs tests à exécuter : **File Sharing** (partage des fichiers), **Common Ports** (test des ports les plus courants), **All Service Ports** (test de tous les ports), **Messenger Spam** (vérifie la configuration de la messagerie instantanée de Microsoft) et **Browser Headers** (contrôle les informations envoyées par votre navigateur). Cliquez sur le bouton **File Sharing**.

4 Vous obtenez un rapport de sécurité qui vous informe sur la vulnérabilité de votre système. Si tout est correct, cliquez sur le bouton **Common Ports** en bas de page pour passer au second test. Vous pouvez cliquer sur le bouton **All Service Ports** pour une procédure plus complète permettant de tester plus de 1 000 ports sur votre machine.

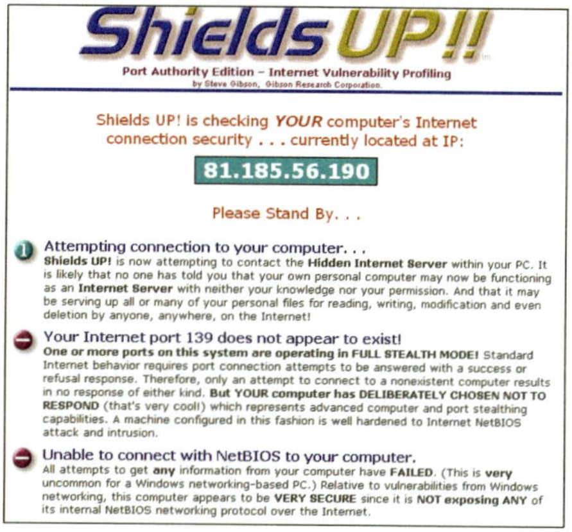

5 Dans le rapport qui s'affiche, les icônes vertes désignent les ports sécurisés, les icônes bleues correspondent à des ports fermés (mais visibles) et les icônes rouges signifient que les ports sont ouverts. En fonction du résultat, vous devrez peut-être modifier la configuration de votre pare-feu.

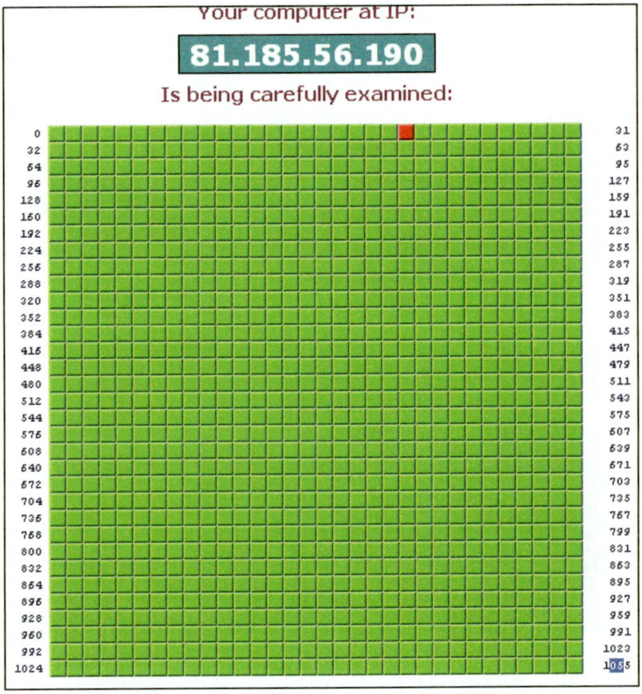

6 Cliquez sur le bouton **Messenger Spam** pour tester la messagerie instantanée de Microsoft. Dans la fenêtre qui s'affiche, cliquez sur le bouton **Spam Me with this Note**.

7 Si vous obtenez une boîte de dialogue de type pop-up à l'écran, juste après avoir cliqué sur le bouton précédent, cela signifie que le Messenger de Windows peut envoyer du spam sans que vous ne vous en aperceviez. Il faudra bloquer le port 135 (UDP) dans votre pare-feu.

8 Cliquez sur le bouton **Browser Headers** pour passer au dernier test. Vous obtiendrez ici un rapport reproduisant le contenu des en-têtes http envoyés par votre navigateur lorsqu'il transmet une requête d'affichage de page sur un serveur web. Si les informations envoyées vous semblent trop indiscrètes, changez de navigateur.

Choisissez
votre support DVD

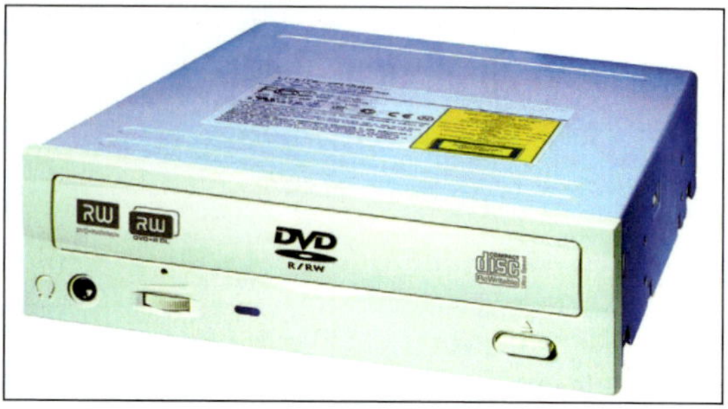

Étape incontournable avant d'effectuer votre migration vers Windows Vista : la sauvegarde de vos données. Si vous possédez un graveur DVD, voici quelques informations toujours utiles pour choisir le support d'enregistrement qui correspond le mieux à vos besoins.

Un support DVD enregistrable, à l'instar de n'importe quel CD-R, offre plusieurs pistes d'enregistrement, mais leurs distances d'espacement et leurs tailles s'avèrent bien plus courtes que sur un CD-R. Dans ces conditions, la longueur du rayon laser devient également plus courte, ce qui entraîne une capacité de stockage bien plus importante, de l'ordre de 4,7 Go environ pour un DVD-R simple couche.

À l'inverse des supports CD, il existe plusieurs formats avec les supports DVD :

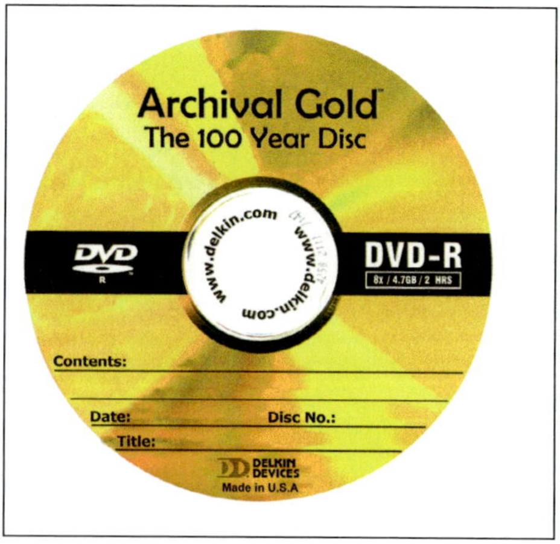

- DVD-R : l'équivalent du CD-R, c'est-à-dire un support d'enregistrement vierge qui ne peut être écrit qu'une fois. Il offre un espace de stockage de 4,7 Go et se présente sous deux formes : DVD-R(G) et DVD-R(A). Cette dernière norme s'adresse plutôt aux professionnels tandis que la première conviendra parfaitement pour archiver vos données, par exemple.

- DVD-Ram : peu utilisé par le plus grand public, il nécessite en outre un lecteur compatible pour être lu. Ces lecteurs ont généralement la particularité de pouvoir se connecter à une prise FireWire, ce qui assure un débit de transfert important. Pour en revenir au support proprement dit, sachez qu'il peut être réenregistré plusieurs milliers de fois et offre un espace de 4,7 Go par face. En fait, ces disques ont un principe de fonctionnement proche de celui d'un disque dur.

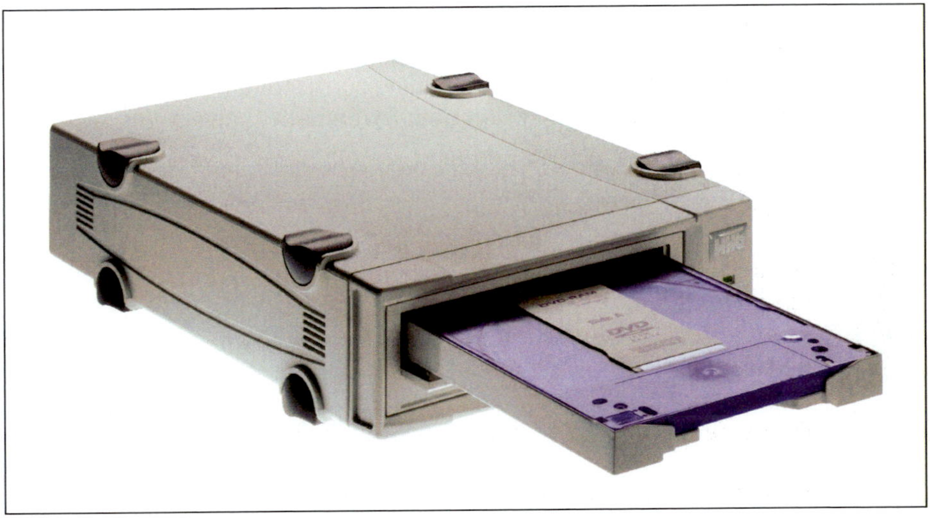

- DVD-RW : l'équivalent du CD-RW. Vous pouvez le réenregistrer plusieurs milliers de fois et bénéficiez d'un espace de stockage de 4,7 Go.
- DVD+RW : il est identique au format précédent mais offre une meilleure compatibilité pour les données informatiques que vous enregistrerez.

Découpez vos fichiers

Lorsque vous effectuerez vos sauvegardes avant d'installer Windows Vista, vous rencontrerez parfois des fichiers dont la taille excède la capacité de stockage de vos supports enregistrables. La solution consiste à découper les fichiers trop volumineux avec un outil gratuit, D-Koup' (http://b.berteau.free.fr/dk.php). Une fois l'outil récupéré, vous pouvez l'utiliser immédiatement. D-Koup' ne nécessite aucune procédure d'installation, le programme correspond à un seul fichier et il suffit de double-cliquer dessus pour l'exécuter. Procédez ainsi :

1 Après avoir démarré D-Koup', cliquez sur le bouton **Options**.

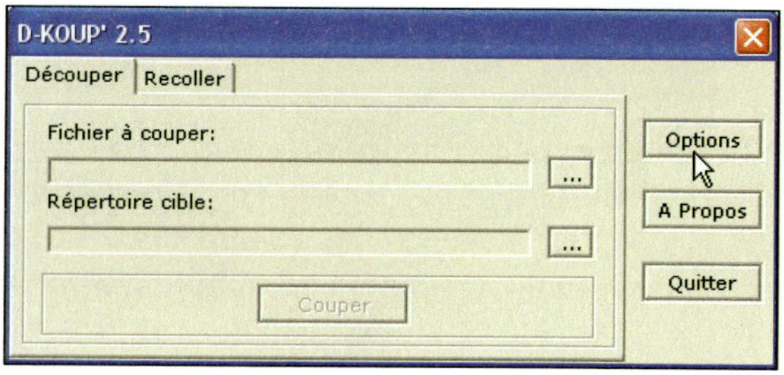

2 Sélectionnez la taille de votre choix pour les morceaux que vous souhaitez obtenir ou inscrivez-la dans la zone de texte prévue à cet effet. Validez la boîte de dialogue par OK.

3 Sélectionnez l'onglet **Découper** et indiquez le nom et le chemin du fichier à découper. Vous pouvez également spécifier le dossier où les morceaux seront créés si celui-ci est différent de celui qui contient le fichier à découper.

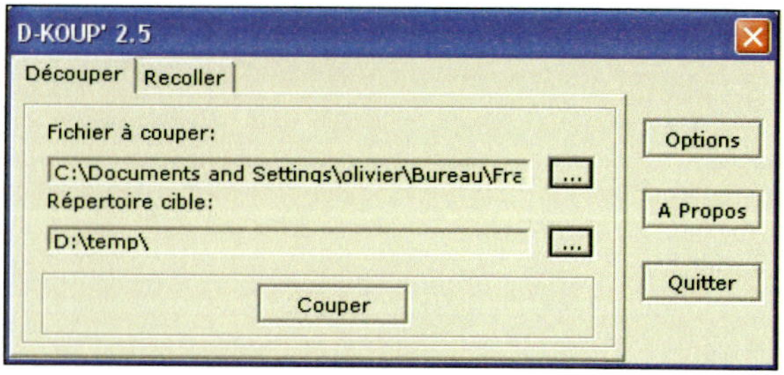

4 Démarrez le traitement du fichier en cliquant sur le bouton **Couper**.

Passez à présent à l'opération inverse : la reconstitution du fichier à partir de ses morceaux.

1 Pour recoller le fichier, copiez les morceaux (et éventuellement le fichier portant l'extension *.bat*) dans un même dossier.

2 Dans la fenêtre principale de D-Koup', cliquez sur l'onglet **Recoller** et indiquez l'emplacement du premier morceau permettant de reconstituer le fichier. Celui-ci doit présenter l'extension *.D00*.

3 Cliquez sur le bouton **Coller** après avoir éventuellement indiqué le répertoire cible.

S le destinataire des morceaux de fichiers ne possède pas le programme D-Koup', il pourra tout de même reconstituer le fichier en exécutant le fichier *bat* dans une fenêtre d'invite des commandes. À condition que l'intitulé du fichier à recoller ne contienne aucun caractère spécial (accent par exemple). Dans ce cas, le fichier *bat* ne pourra mener à son terme la procédure et vous obtiendrez une erreur.

Compressez vos fichiers

Toujours dans l'esprit de sauvegarder vos données et de gagner de la place sur vos supports d'enregistrement, rien ne vous empêche de compresser vos fichiers avant de les archiver. Sachez alors que Windows XP intègre un outil entièrement conçu à cet effet : iexpress. Celui-ci est capable de créer des archives compressées au format *CAB* ou de type autoexécutable, c'est-à-dire portant l'extension *.exe* et qui peuvent être décompressées directement en double-cliquant sur leur intitulé. Procédez ainsi :

1 Sélectionnez la commande **Exécuter** du menu **Démarrer** de la Barre des tâches de Windows.

2 Dans la boîte de dialogue qui s'affiche, inscrivez la commande `iexpress` et cliquez sur le bouton OK.

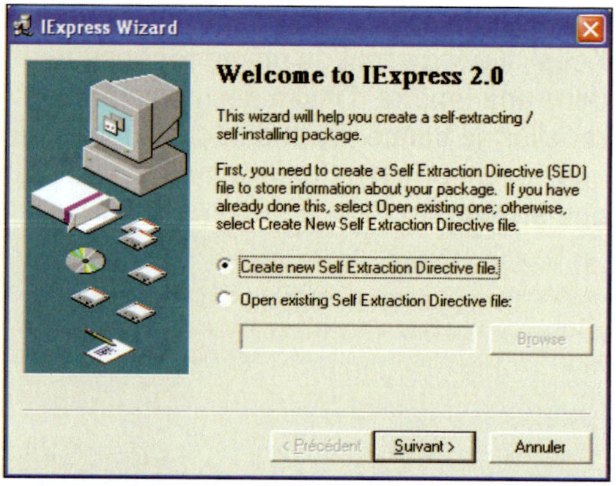

3 Sélectionnez l'option *Create new Self Extraction Directive file* et cliquez sur le bouton **Suivant**.

4 Sélectionnez l'option *Extract files only*.

5 Inscrivez le titre de votre archive qui apparaîtra dans les boîtes de dialogue de décompression et cliquez sur **Suivant**.

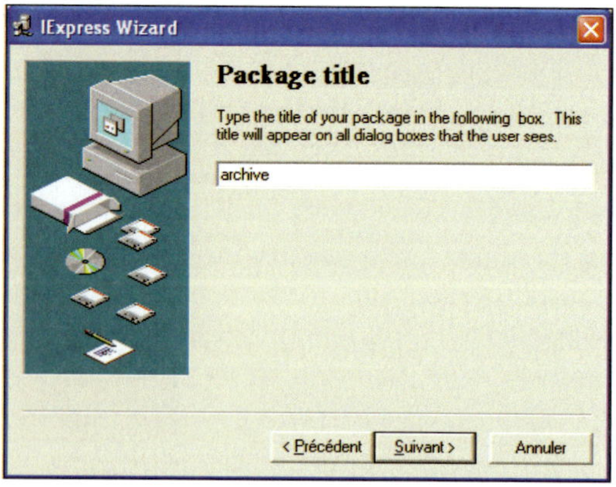

6 Sélectionnez l'option *no prompt* et cliquez sur le bouton **Suivant**.

7 Sélectionnez l'option *Do not display a license* et passez à l'étape suivante.

8 Indiquez les fichiers que vous souhaitez compresser. Cliquez sur le bouton **Add** pour afficher un explorateur de fichiers. Sélectionnez tous les éléments à intégrer dans l'archive. Au terme de cette opération, tous les fichiers à compresser apparaissent dans une liste. Si vous changez d'avis, vous avez la possibilité de sélectionner ceux de votre choix et de cliquer sur le bouton **Remove** pour les supprimer. Sinon, passez à l'étape suivante.

9 Conservez toutes les options proposées par défaut jusqu'à l'affichage de la boîte de dialogue **Package Name and Options**. Indiquez ici l'endroit où l'archive sera créée, sans oublier d'inscrire également son nom. Utilisez, si nécessaire, le bouton **Browse** pour afficher un explorateur de fichiers. Cochez l'option *Store files using Long File Name inside Package* pour conserver les noms longs dans l'archive. Cliquez sur **Suivant**.

10 L'archive est en cours de création dans une fenêtre de type Invite de commandes. Au terme de cette procédure, vous obtiendrez un rapport qui affiche plusieurs informations : taille du fichier, taux de compression, etc. Cliquez sur le bouton **Terminer**.

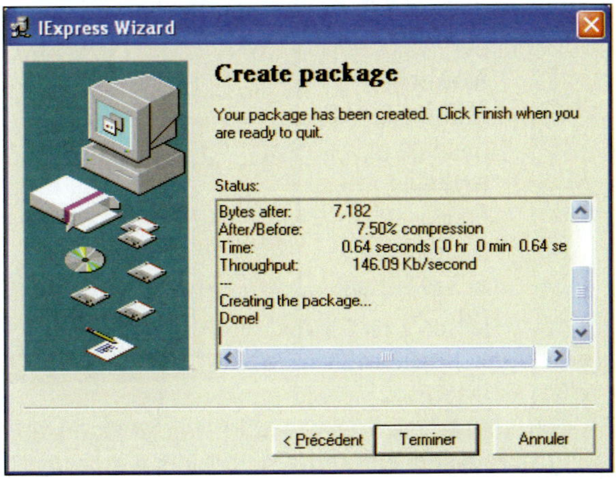

Sécurisez vos archives

Si vous sauvegardez des données hautement confidentielles avant d'effectuer votre migration vers Windows Vista, il existe un moyen simple pour les sécuriser sur vos supports d'enregistrement. Il suffit de les compresser avec un outil plus évolué que celui que nous vous avons présenté précédemment, en l'occurrence WinZip (www.winzip.com).

Dans un second temps, vous protégerez l'accès à votre archive par un mot de passe qui vous sera demandé au moment de décompresser vos données pour les restaurer sur le nouveau système que vous aurez installé.

Procédez ainsi :

1. Démarrez WinZip et cliquez sur le bouton **Nouveau** de la barre d'outils.

2. Indiquez, dans la boîte de dialogue **Nouvelle archive**, l'intitulé du nouveau fichier compressé et validez par OK.

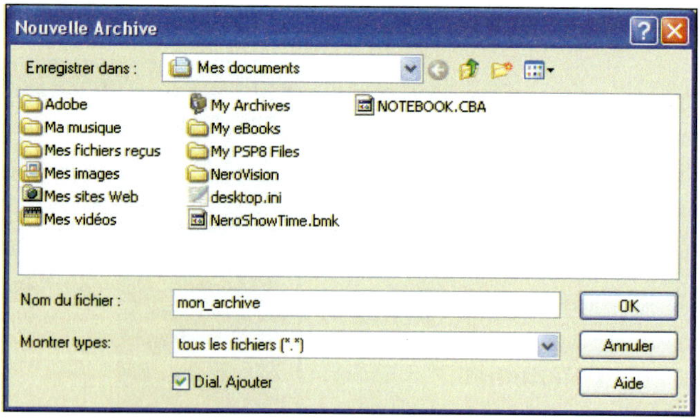

3. Une nouvelle boîte de dialogue s'affiche. Elle va vous permettre de sélectionner tous les fichiers à archiver.

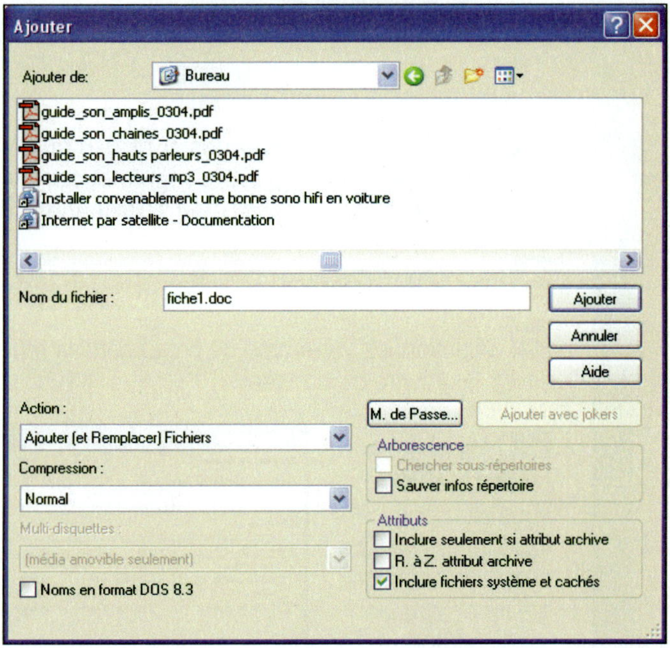

4 Plusieurs options sont à votre disposition. La liste déroulante *Action* propose quatre options : *Ajouter (et remplacer) Fichiers*, *Rafraîchir fichiers existants*, *Déplacement Fichiers* et *Mise à jour*. La première ajoute tous les fichiers que vous aurez sélectionnés à l'archive tandis que la seconde met uniquement à jour les fichiers déjà contenus dans l'archive. L'option *Mise à jour* est identique à la précédente mais ajoute également, à l'archive, tous les nouveaux fichiers spécifiés. Enfin, l'option *Déplacement* supprime les fichiers initiaux de votre disque dur pour conserver uniquement leur archive. Dans tous les cas, rien ne vous interdit ici de compresser plusieurs fichiers dans une seule archive. Il suffit de tous les sélectionner dans le cadre prévu à cet effet.

5 Pour la méthode de compression, conservez le paramètre inscrit par défaut (*Normal*) dans la liste déroulante *Compression*.

6 Pour sécuriser votre archive et préserver la confidentialité de vos données, spécifiez votre mot de passe de protection en cliquant sur le bouton **M. de Passe**.

7 Tous les fichiers sélectionnés sont compressés dans une seule archive et accessibles dans la fenêtre principale de WinZip. Il ne vous reste plus qu'à fermer le programme et à graver votre archive dont le contenu ne sera accessible qu'en indiquant le mot de passe que vous avez choisi.

Gravez vos sauvegardes

Pour archiver vos sauvegardes sur CD-R ou DVD-R, adoptez Nero Express, le module de gravure rapide et convivial de la célèbre suite logicielle Nero (www.nero.com/fr). Procédez ainsi :

1. Insérez un CD-R ou un DVD-R dans votre graveur et lancez Nero Express.

2. Sélectionnez votre type de projet dans la fenêtre qui s'affiche, à savoir la gravure de données.

3. Une nouvelle fenêtre s'affiche. Vous allez pouvoir indiquer les fichiers que vous souhaitez graver en cliquant sur le bouton **Ajouter** ou en déposant directement vos fichiers dans la fenêtre.

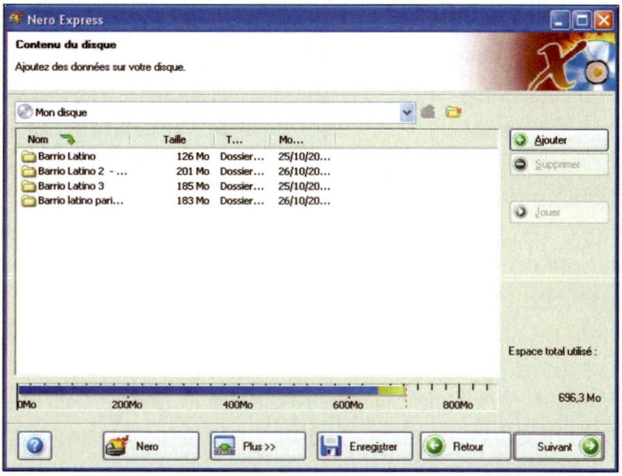

4. Cliquez sur le bouton **Suivant** pour paramétrer la gravure.

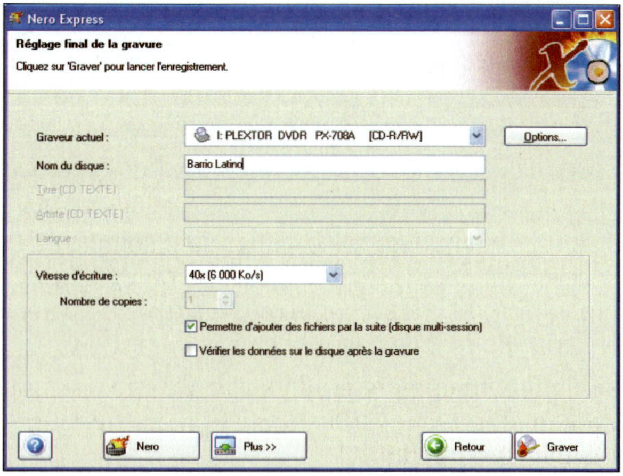

Fiche pratique 7

5 Conservez la vitesse proposée dans la liste déroulante *Vitesse d'écriture*. Vous pouvez toutefois en adopter une moins rapide en cas d'erreur de gravure.

6 Pour ajouter ultérieurement d'autres données sur le disque, cochez l'option *Permettre d'ajouter des fichiers par la suite (disque multi-session)*.

7 Cliquez sur le bouton **Plus** pour afficher de nouvelles options.

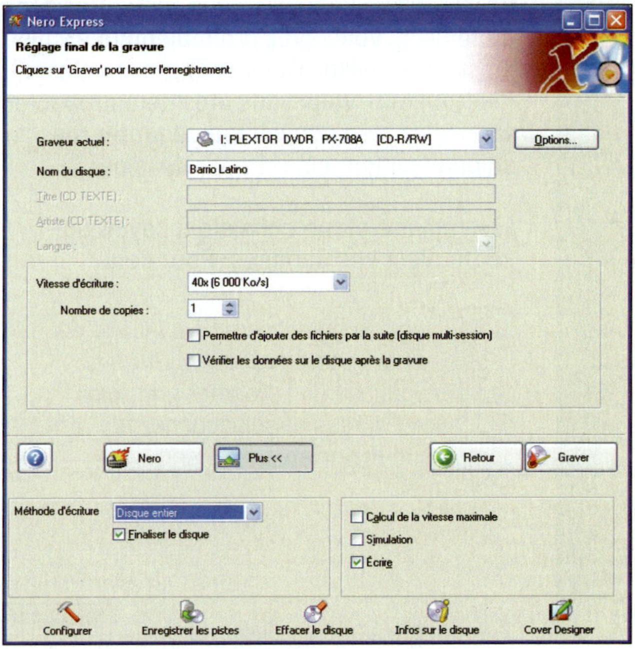

8 Deux techniques d'écriture sont à votre disposition : *Piste par piste* ou *Disque entier*. Choisissez le premier mode si vous gravez un disque réinscriptible (de type RW) ou si vous avez coché précédemment l'option *multisession*. Dans le cas contraire, sélectionnez l'option *Disque entier* pour enregistrer toutes les pistes du disque en une seule passe, sans interruption du rayon laser de votre graveur. Cela permet d'éviter les craquements entre chaque piste d'un disque audio et de fiabiliser l'enregistrement pour les disques qui seront finalisés (si vous n'avez pas coché l'option *multisession*).

9 Pour finaliser un disque et interdire toute écriture plus tard, cochez l'option *Finaliser le disque*.

10 Pour démarrer la gravure, cliquez sur le bouton **Graver**. Une fenêtre s'affiche et vous informe du déroulement de la procédure.

Au terme de cette opération, vos données seront sauvegardées sur un disque optique. Pensez à vérifier son contenu avant de supprimer les fichiers originaux de votre disque dur.

Sauvegardez
vos mails

Si vous effectuez une nouvelle installation de Windows Vista, vous n'avez pas besoin de sauvegarder vos paramètres puisque vous devrez probablement tout reconfigurer depuis le début. Dans ces conditions, vous avez probablement archivé vos documents de travail et, si vous utilisez Outlook Express comme logiciel de courrier électronique, vous vous êtes déjà probablement demandé comment vous allez bien pouvoir sauvegarder tous les messages que vous avez soigneusement classés par dossiers.

La première étape consiste à savoir où se trouvent vos données. Pour cela :

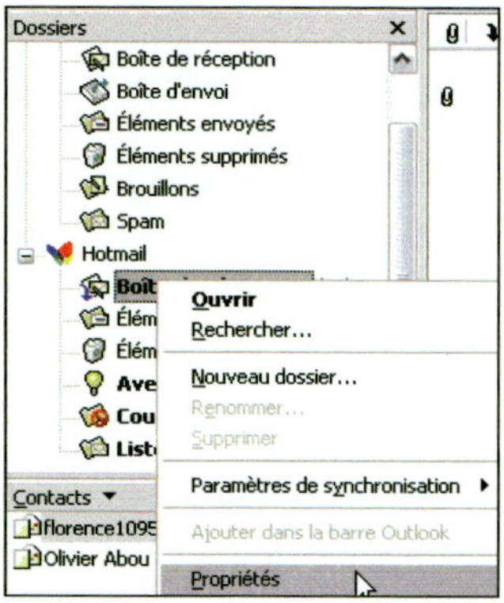

1 Cliquez du bouton droit sur l'icône du dossier de la boîte de réception dans le cadre de gauche de la fenêtre principale d'Outlook Express et sélectionnez la commande **Propriétés** du menu contextuel.

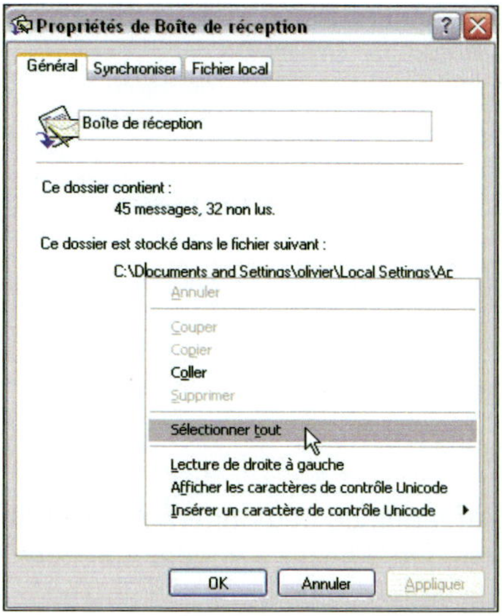

2 Dans la boîte de dialogue qui s'affiche, sous l'onglet **Général**, cliquez du bouton droit sur la ligne qui indique le chemin de sauvegarde du dossier sur le disque et sélectionnez la commande **Sélectionner tout**.

3 Sélectionnez une nouvelle fois cette ligne, toujours avec le bouton droit de la souris, et choisissez la commande **Copier**.

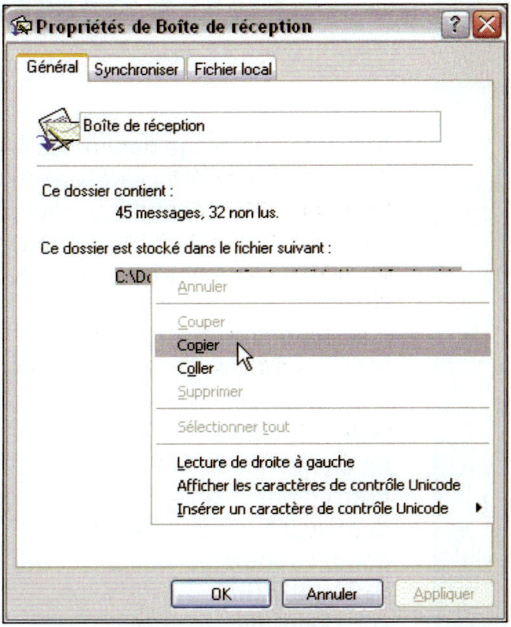

4 Sélectionnez la commande **Exécuter** du menu **Démarrer** de la Barre des tâches de Windows. Dans la boîte de dialogue qui apparaît, cliquez du bouton droit dans la zone de texte. Sélectionnez, dans le menu contextuel, la commande **Coller** pour insérer le chemin d'accès à votre dossier de réception d'Outlook Express. Avant de valider par OK la boîte de dialogue, supprimez le nom de fichier qui apparaît à la fin de ce chemin, de telle sorte que le chemin se termine par `\Microsoft\Outlook Express\`.

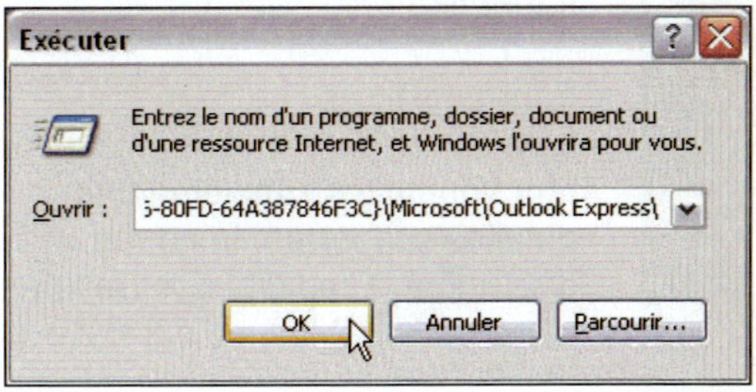

5 Après avoir validé par OK la boîte de dialogue **Exécuter**, le contenu du dossier de stockage de toutes les données d'Outlook Express s'affiche immédiatement dans une fenêtre de l'Explorateur Windows.

Il ne vous reste plus qu'à sauvegarder tous ces fichiers sur un CD ou DVD, voire une clé USB. Notez toutefois qu'il est nécessaire de fermer Outlook Express avant d'effectuer la sauvegarde.

Sauvegardez
sur clé USB

Rien ne vous oblige désormais à archiver vos données sur un support optique. La gravure représente une opération délicate qui prend du temps. Or, avec l'apparition des clés USB et l'évolution de leur capacité de stockage, vous pouvez sauvegarder vos données en toute simplicité et très rapidement.

Il existe plusieurs modèles de clés amovibles. Les plus classiques tiennent dans le creux d'une main et peuvent contenir entre 64 Mo et 2 Go, voire plus, de données.

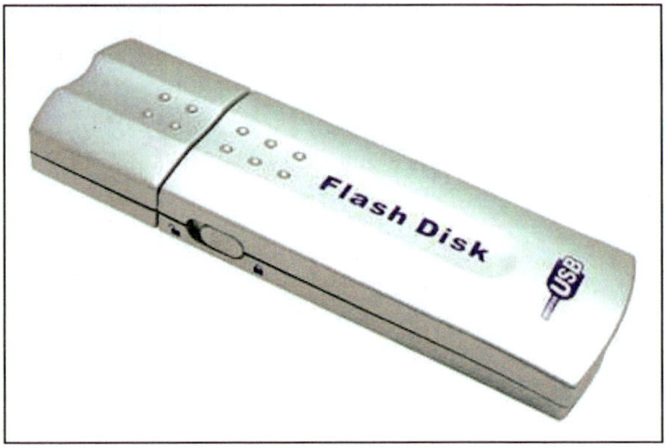

Pour choisir ce type de clé, ou d'autres plus modernes qui intègrent des fonctionnalités supplémentaires, il est essentiel de veiller à ce qu'elles supportent la norme USB 2.0. En effet, cette version détermine la rapidité des transferts dont le débit peut atteindre jusqu'à 480 Mbit/s, ce qui s'avère très confortable.

Compatibilité USB 2.0

Pour supporter cette norme, votre ordinateur doit posséder une carte mère récente équipée de tels ports. De plus, vous devez avoir installé Windows XP ou Windows Vista, la technologie USB 2.0 n'étant pas prise en charge nativement avec des systèmes plus anciens.

La connexion d'une clé USB sur un ordinateur équipé du système d'exploitation Windows XP ou Windows Vista ne pose aucune difficulté. Procédez ainsi :

1 Connectez votre clé ou le cordon qui permettra de la connecter sur un port USB libre de votre ordinateur. Les ordinateurs modernes proposent souvent deux ports USB ou plus en façade. Si ce n'est pas le cas, regardez derrière votre tour, ils se trouvent généralement là.

2 Sous Windows XP, votre clé est immédiatement reconnue par le système. Ouvrez votre Poste de travail pour vérifier la présence du flash disk. Celui-ci doit apparaître avec une nouvelle lettre d'unité et sous l'intitulé *Disque amovible*. Vous pourrez voir son icône sous la section *Périphériques* utilisant des supports amovibles.

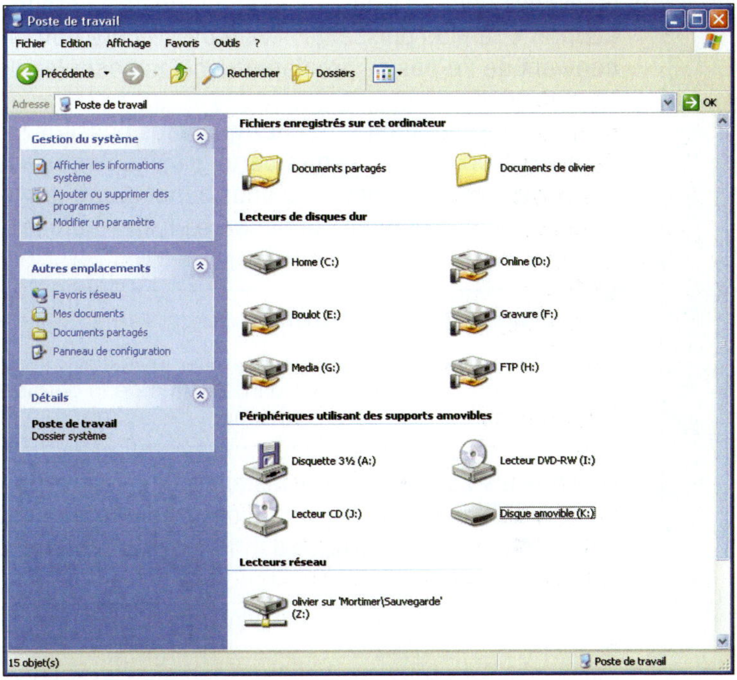

3 Pour accéder à votre disque amovible, cliquez dessus de la même façon que vous le feriez pour n'importe quel autre disque. Le contenu s'affichera immédiatement et vous pourrez copier, modifier ou supprimer n'importe quel fichier qu'il contient.

Améliorez
la vitesse d'affichage

Windows Vista consomme énormément de ressource graphique, notamment avec sa nouvelle interface graphique : Windows Aero. Dès lors, si vous rencontrez des problèmes d'affichage, tout de suite après avoir installé Windows Vista et plus particulièrement dans la fluidité du déplacement des fenêtres sur votre nouveau Bureau, vous envisagez peut-être déjà de changer de carte graphique pour en adopter une plus puissante. Avant de prendre une telle décision, il convient de ne pas se précipiter et de se poser les bonnes questions.

Dans un premier temps, vérifiez que vous possédez les dernières versions des pilotes de votre carte graphique en vous connectant sur le site de son constructeur si vous bénéficiez d'une connexion Internet. Le cas échéant, téléchargez-les et installez-les.

Mise à jour automatique

Il n'est généralement pas nécessaire de désinstaller auparavant les anciens pilotes, la nouvelle procédure d'installation de la dernière version de votre carte graphique permet effectivement de les mettre à jour directement.

Une fois les derniers pilotes installés, et si le fonctionnement de votre carte graphique vous déçoit toujours, pensez à configurer correctement les propriétés d'affichage de Windows. Pour cela :

1. Ouvrez le Panneau de configuration en sélectionnant la commande du même nom à partir du menu **Démarrer** de la Barre des tâches de Windows.

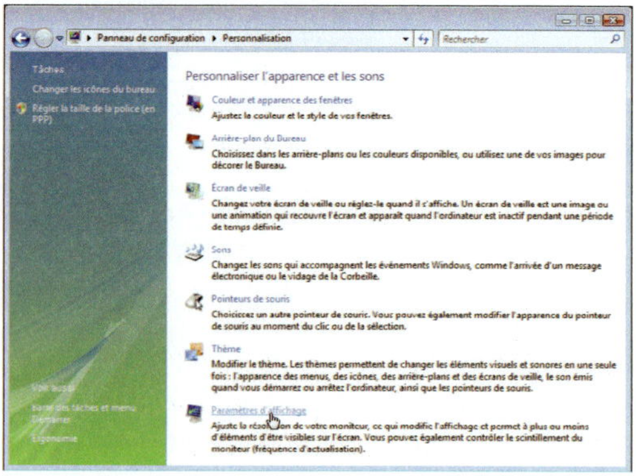

2. Cliquez sur l'icône *Personnalisation*.

3. Dans la fenêtre qui s'affiche, cliquez sur le lien *Paramètres d'affichage*.

4 Dans la boîte de dialogue qui apparaît, cliquez sur le bouton **Paramètres avancés**.

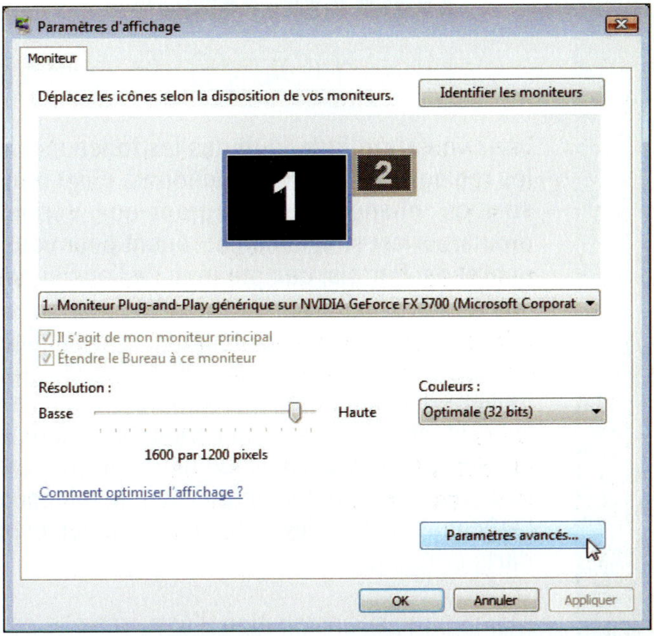

5 Dans les paramètres avancés de votre carte graphique, réglez les options disponibles. Reportez-vous, si cela s'avère nécessaire, à la documentation du constructeur.

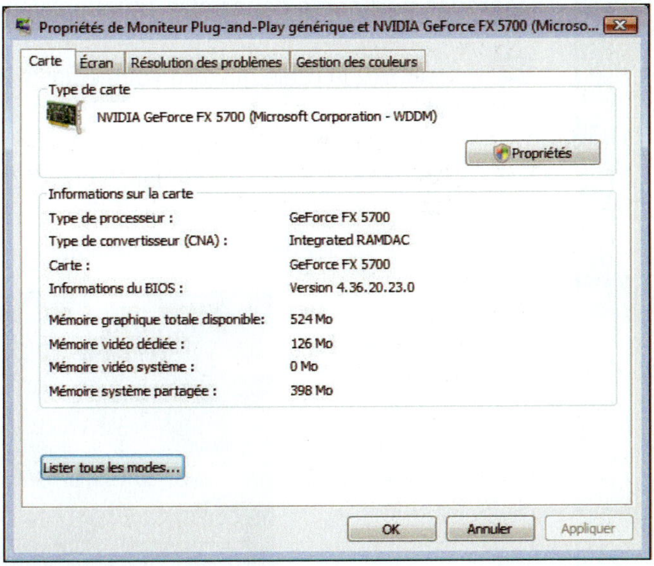

À ce stade, si l'installation de nouveaux pilotes et la modification de certains paramètres d'affichage n'apportent aucune amélioration, vous pouvez envisager le changement de votre carte graphique.

Installez
une nouvelle carte graphique

Vous voulez profiter de toutes les fonctionnalités de Windows Aero et les réglages de la fiche précédente n'ont rien donné ? Il reste une solution : changer de carte graphique. Vérifiez, cependant, que votre ordinateur est suffisamment récent pour vous permettre une telle opération. Parfois, compte tenu de l'ancienneté d'un système, il est inutile, voire impossible, d'installer une nouvelle carte graphique. Mieux vaut changer d'ordinateur, tout simplement.

Veillez également à ce que votre écran en vaille la peine. Quel est l'intérêt, effectivement, de connecter un ancien moniteur 14 ou 15 pouces à une carte vidéo ultra performante ? Concrètement, si votre écran ne peut supporter une résolution supérieure à 800 x 600, l'affichage de Windows Aero restera décevant avec n'importe quelle carte graphique.

Maintenant, si l'installation d'une nouvelle carte vous semble une opération pertinente dans votre situation, voici la marche à suivre :

1 Débranchez le câble qui relie votre écran à la carte graphique derrière l'unité centrale.

2 Débranchez le câble d'alimentation de votre ordinateur.

3 Ouvrez le boîtier de votre unité centrale.

4 Retirez l'ancienne carte graphique de votre port AGP. Celui-ci présente une couleur différente des autres ports, de type PCI notamment.

5 Insérez la nouvelle carte dans le port AGP.

6 Reliez la carte graphique à votre écran en connectant le câble correspondant. Celui-ci est facilement identifiable par son connecteur VGA à 15 broches.

7 Rebranchez le câble d'alimentation électrique de l'unité centrale.

8 Allumez votre ordinateur et vérifiez le bon fonctionnement de votre carte graphique. Si cela s'avère nécessaire, reportez-vous à la documentation du constructeur pour effectuer la configuration de votre nouveau matériel.

Mise à jour du pilote

Même si vous venez d'acheter une carte graphique récente, vous ne disposez probablement pas de la version Windows Vista de son pilote. Il s'avère donc nécessaire de le télécharger à partir du site du constructeur et de l'installer sans plus attendre.

Désinstallez vos programmes

Avant d'effectuer une migration vers Windows Vista avec la procédure de mise à jour de votre ancien système, il peut s'avérer intéressant pour repartir sur de bonnes bases d'effectuer un petit nettoyage de votre système en supprimant les applications devenues inutiles.

En effet, avec le développement des connexions Internet et les offres de type haut débit, les utilisateurs ont tendance à installer plus de programmes qu'ils n'en ont besoin. Dès lors, il convient de les désinstaller dans les règles de l'art pour retirer proprement du système tous les fichiers correspondants.

Système engorgé

L'accumulation des programmes entraîne immanquablement l'engorgement de votre système et il n'est pas raisonnable d'envisager d'effectuer une migration vers Windows Vista si votre système actuel regorge d'applications dont vous ne vous servez plus.

Pour désinstaller un ou plusieurs programmes de votre système, la procédure s'avère simple :

1. Sélectionnez la commande **Paramètres/Panneau de configuration** à partir du menu **Démarrer** de la Barre des tâches de Windows XP pour ouvrir le panneau du même nom.

2. Dans le Panneau de configuration qui s'affiche, cliquez sur l'icône *Ajouter ou Supprimer des programmes*.

3. Une nouvelle fenêtre s'affiche avec la liste des programmes que vous avez installés sur votre système. Si ce n'est pas le cas, cliquez, dans le menu de gauche, sur l'icône *Modifier ou supprimer des programmes*. La liste apparaîtra immédiatement.

4. Sélectionnez, avec votre souris, la ligne du programme que vous souhaitez supprimer de votre système.

5 Cliquez sur le bouton **Modifier/ Supprimer**.

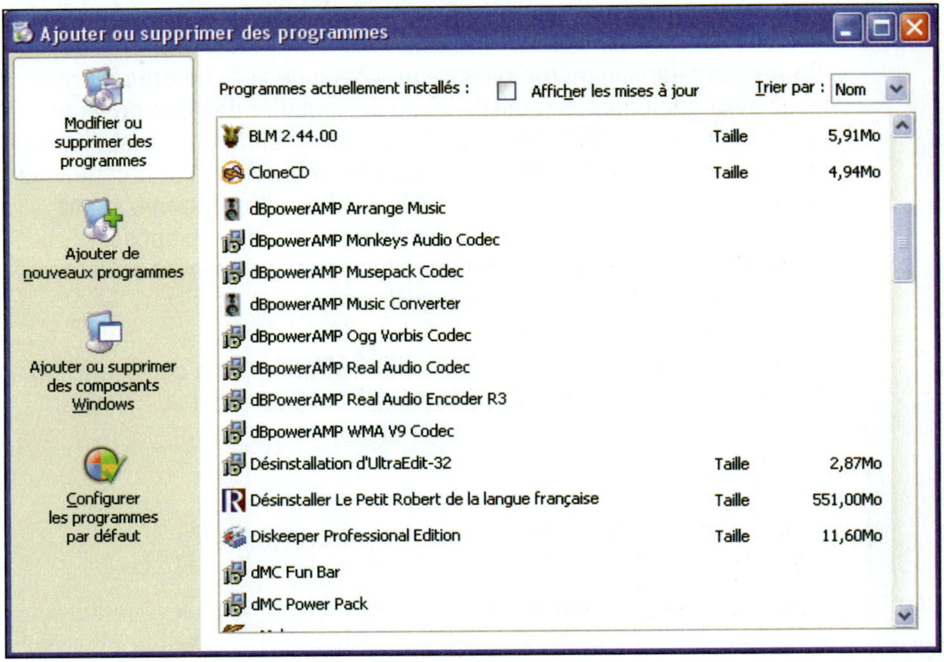

Il ne vous reste plus qu'à suivre les instructions de l'Assistant d'installation. La procédure ne pose généralement aucune difficulté. Il suffit de valider par OK ou **Suivant** les différentes boîtes de dialogue et messages de confirmation qui s'affichent à l'écran.

Désinstallez
des composants du système

Pour rester dans le même registre que celui de la fiche précédente, vous avez également la possibilité de désinstaller des composants système. En effet, Windows XP a la fâcheuse tendance d'installer des applications sans vous demander l'autorisation. Dès lors, rien ne vous interdit de les supprimer ensuite pour alléger votre système avant d'effectuer votre migration vers Windows Vista. Vous disposez effectivement de toutes les commandes nécessaires pour effectuer cette opération en toute simplicité. Procédez ainsi :

1 Sélectionnez la commande **Paramètres/Panneau de configuration** à partir du menu **Démarrer** de la Barre des tâches de Windows XP pour ouvrir le Panneau de configuration.

2 Dans le Panneau de configuration qui apparaît, sélectionnez avec votre souris l'icône *Ajouter ou Supprimer des programmes.*

3 Une nouvelle fenêtre s'affiche et propose la liste des programmes installés sur votre ordinateur. Cliquez, dans le menu de gauche, sur l'icône

Ajouter ou supprimer des composants Windows pour accéder à une nouvelle liste, proposée dans une fenêtre indépendante, qui contiendra des programmes différents.

4 Les programmes déjà cochés correspondent à des logiciels déjà installés sur votre ordinateur. Pour les désinstaller, décochez les cases d'option correspondant aux programmes que vous souhaitez supprimer. À l'inverse, pour en installer de nouveaux, cochez les cases d'option qui vous intéressent.

5 Lorsque le bouton **Détails** est disponible, cela signifie que vous avez sélectionné une catégorie qui contient plusieurs utilitaires que vous pouvez installer ou désinstaller. Ces derniers s'afficheront dans une nouvelle fenêtre.

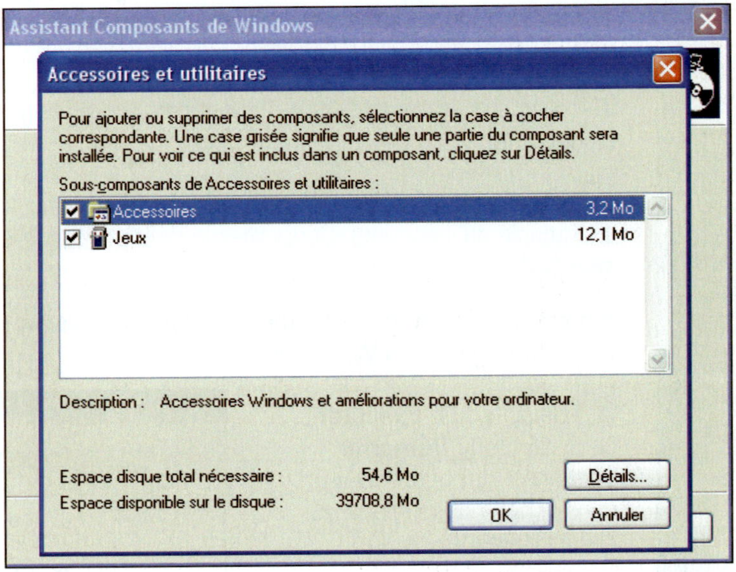

6 Après avoir validé par OK la boîte de dialogue précédente et indiqué les composants que vous souhaitez supprimer ou installer, cliquez sur le bouton **Suivant** pour démarrer la procédure de désinstallation des composants.

Au terme de cette opération, une fenêtre s'affichera pour vous informer de la réussite de la procédure.

Désinstallez
les programmes récalcitrants

Certains programmes se sont installés sans votre autorisation et ne proposent aucune procédure de désinstallation. Si vous ne souhaitez pas les retrouver sur votre nouveau système après la procédure de migration par mise à jour, il convient de les désinstaller manuellement. Pour cela :

1. Ouvrez l'Explorateur de fichiers de Windows.

2. Recherchez sur le disque dur le répertoire qui contient le programme à supprimer.

3. Une fois le dossier du programme identifié, notez le nom du fichier exécutable qu'il contient. Supprimez le dossier manuellement en le sélectionnant et en pressant la touche Suppr.

Passez à la seconde partie des opérations, à savoir le nettoyage de la base de Registre de Windows.

1. Sélectionnez **Exécuter** à partir du menu **Démarrer**. Saisissez l'instruction `regedit` dans la boîte de dialogue qui s'affiche. Validez par OK.

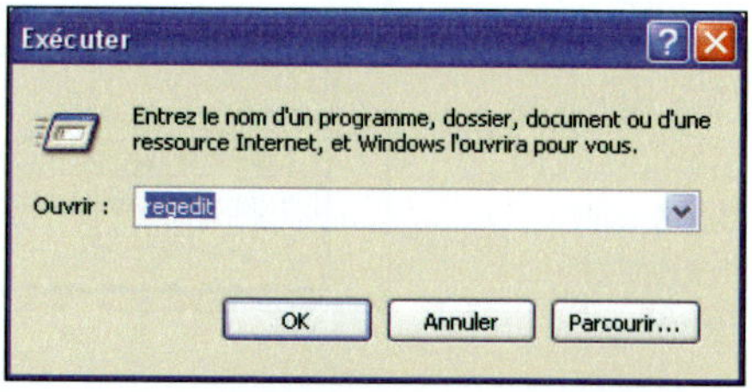

2. Dans la fenêtre qui s'affiche, cliquez sur le Poste de travail disponible à partir du volet gauche.

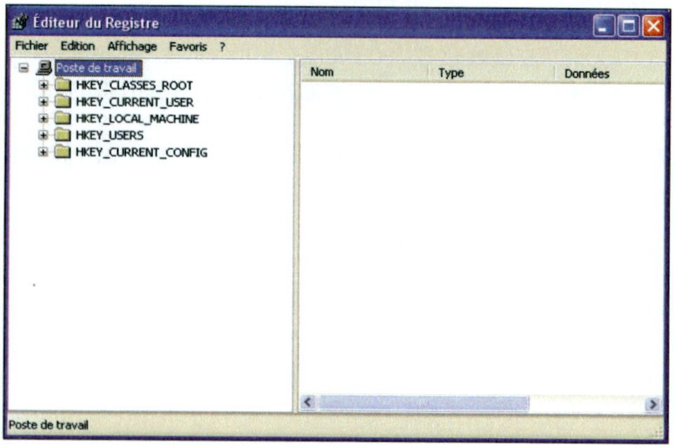

Fiche pratique 14

3 Sélectionnez la commande **Rechercher** du menu **Edition**.

4 Saisissez le nom du programme que vous venez de désinstaller, sans indiquer l'extension de son fichier exécutable que vous aviez notée précédemment (*.exe*, le plus souvent). Cliquez sur le bouton **Suivant**.

5 Lorsque l'éditeur trouve une valeur dans la base de Registre qui correspond au programme que vous venez d'éliminer, il sélectionne automatiquement le programme dans sa fenêtre. Il suffit de presser la touche Suppr pour effacer cette valeur.

La base de Registre

La base de Registre constitue le cœur technologique de tous les systèmes Windows. Dès lors, toute manipulation s'avère risquée. Dans ces conditions, il faut donc s'assurer que les valeurs supprimées correspondent au programme que vous venez d'effacer. Il suffit de lire les informations disponibles pour chaque valeur et de vérifier qu'elles font bien appel à un des fichiers que vous venez de supprimer (fichiers exécutables, librairie avec extension *.dll*, etc.).

6 Appuyez sur la touche F3 pour continuer la recherche.

7 Dès que l'éditeur trouve une autre occurrence de votre programme, effacez-la de la même façon.

Déplacez vos documents

Si vous utilisiez, avant la migration vers Windows Vista, les dossiers proposés par défaut par Windows XP pour stocker vos documents de travail, cela signifie que tous vos fichiers se trouvent sur le disque principal, à savoir celui sur lequel vous allez installer Windows Vista. Dès lors, vous risquez de les perdre pendant la procédure de migration et rien ne vous empêche, en plus de les sauvegarder sur CD-R ou DVD-R, de les déplacer sur une partition différente de votre disque dur. De plus, il est toujours préférable de réserver le disque C pour stocker les fichiers du système et, éventuellement, ceux de vos programmes. Dans une autre partition (disque D par exemple), il convient d'enregistrer à part vos documents de travail (traitement de texte, feuilles de calcul, images, etc.).

Voici la méthode pour modifier l'emplacement de vos dossiers personnels :

1 Sélectionnez **Explorateur Windows** à partir du menu **Démarrer/Programmes/Accessoires** de la Barre des tâches de Windows.

2 L'Explorateur Windows ouvre par défaut le contenu du dossier **Mes documents**, situé sur la partition d'installation système. Il contient les sous-répertoires thématiques **Ma musique**, **Mes images**, **Mes vidéos**, etc.

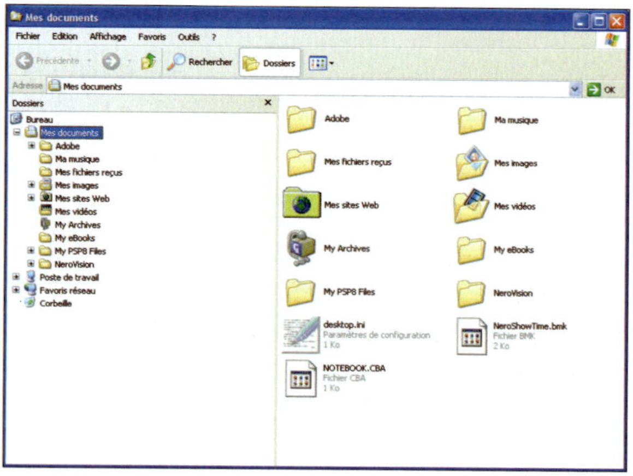

3 Si les intitulés de dossiers personnels, et cette structure, vous conviennent, déplacez tout le contenu du répertoire **Mes documents** vers une autre partition de votre choix. Sélectionnez avec le bouton droit le

Fiche pratique 15

dossier **Mes documents** dans l'Explorateur Windows et activez la commande **Propriétés** à partir du menu contextuel.

4 Dans la boîte de dialogue qui s'affiche, cliquez sur le bouton **Déplacer** pour indiquer un autre emplacement dédié au stockage de vos fichiers personnels.

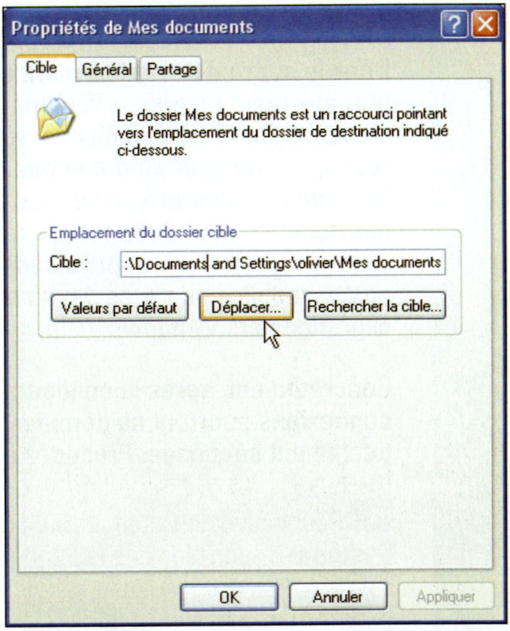

5 Sélectionnez le nouvel emplacement et refermez toutes les boîtes de dialogue par OK. Le dossier **Mes documents** se trouve désormais sur une partition différente de celle du système.

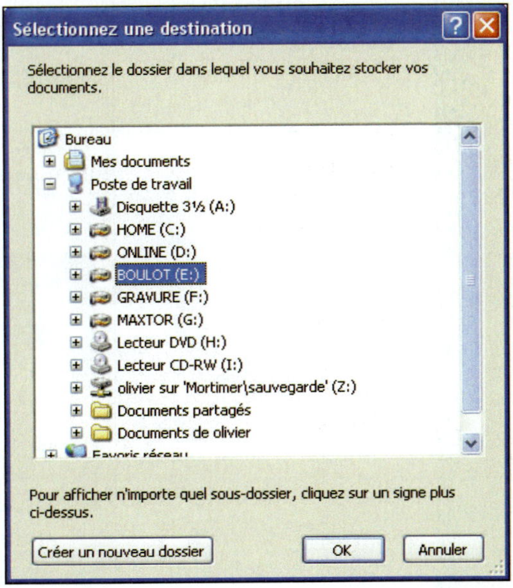

Cette opération permet de conserver la nouvelle configuration de vos dossiers de travail avec Windows Vista si vous effectuez une migration de type mise à jour.

Configurez
une intervention à distance

Dans le cadre d'un déploiement en entreprise, vous serez probablement amené à préparer la migration de certains postes à distance. Dans ces conditions, vous devez paramétrer correctement vos systèmes pour autoriser des connexions à distance. En effet, les fonctions d'ouverture de session à distance de Windows XP permettent d'accéder à la totalité des fichiers à partir de n'importe quel endroit, ce qui simplifie considérablement la préparation des postes mobiles ou situés dans une autre agence pour effectuer leur migration vers Windows Vista.

Concrètement, après la configuration de l'outil d'accès à distance, les connexions pourront se dérouler sans difficulté et, surtout, de façon totalement sécurisée. Procédez ainsi :

1 Pour activer le Bureau distant de Windows XP, ouvrez le module **Système** disponible dans le Panneau de configuration.

2 Cliquez sur l'onglet **Utilisation à distance**.

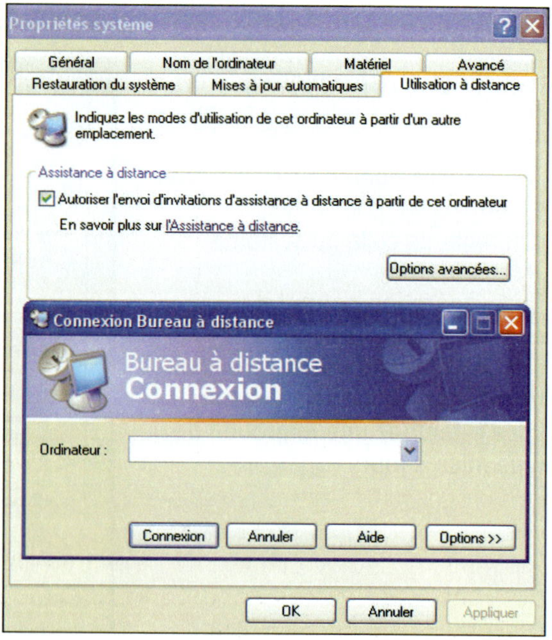

3 Sous la section *Bureau à distance*, cochez l'option *Autoriser les utilisateurs à se connecter à distance*.

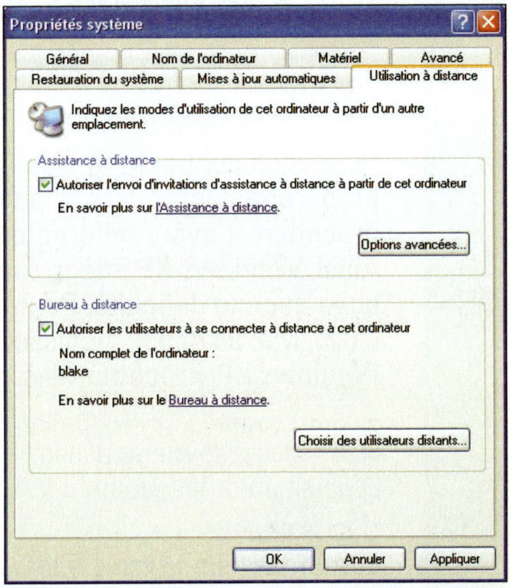

4 Indiquez le nom des utilisateurs autorisés à se connecter sur la machine. Par défaut, tous ceux qui font partie du groupe des administrateurs peuvent le faire. Pour ajouter d'autres personnes, cliquez sur le bouton **Choisir des utilisateurs distants**.

5 Dans la boîte de dialogue qui s'affiche, cliquez sur le bouton **Ajouter** puis sur **Avancés**.

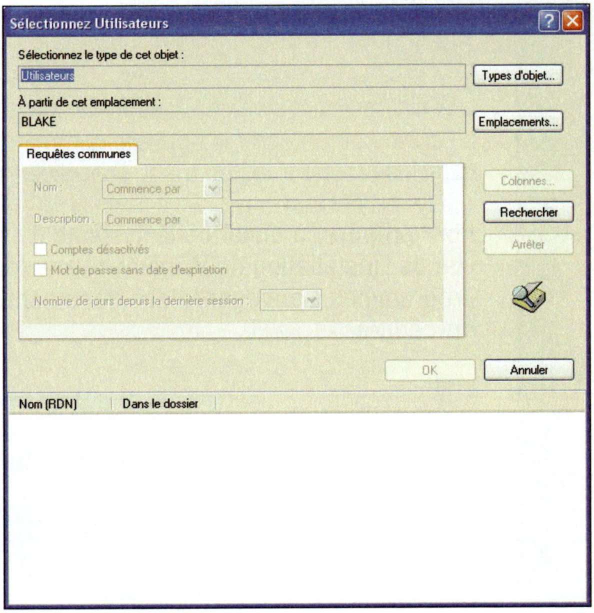

6 Cliquez sur le bouton **Rechercher** pour afficher la liste des utilisateurs enregistrés. Sélectionnez ceux qui vous intéressent puis validez par OK. Cette liste contient uniquement les noms des utilisateurs possédant déjà un compte sur votre ordinateur. Dès lors, il peut s'avérer nécessaire de créer auparavant de nouveaux comptes avant de configurer l'utilisation du Bureau à distance.

Au terme de cette procédure de configuration, votre système est prêt à traiter des connexions externes pour la préparation, à distance, de la migration du système vers Windows Vista.

Préparez
la migration à distance

Pour vous connecter à distance sur un ordinateur que vous devez préparer à migrer vers Windows Vista, à partir de votre machine, la procédure s'avère différente selon le système d'exploitation utilisé. Ainsi, Windows XP intègre déjà le logiciel d'accès et la procédure ne pose aucune difficulté. Pour toutes les autres versions de Windows (2000, Me, 98 et 95), munissez-vous du CD d'installation de Windows XP. Procédez ainsi :

1. Affichez le menu d'installation du CD de Windows XP (en général, il apparaît automatiquement lorsque vous insérez le CD dans votre lecteur).

2. Cliquez sur le lien *Effectuer des tâches supplémentaires.*

3. Cliquez sur la commande *Créer une connexion Bureau à distance.*

4. Un Assistant s'affiche. Il suffit de suivre les instructions qui apparaissent à l'écran pour intégrer la nouvelle commande d'accès au Bureau à distance dans les programmes du menu **Démarrer** de Windows.

Pour préparer à distance le système d'exploitation d'un ordinateur en vue de l'installation de Windows Vista (désinstallation des programmes, sauvegarde des documents de travail, etc.), suivez cette procédure :

1. Sélectionnez à partir du menu **Démarrer** de Windows XP (ou d'une autre version de Windows) la commande **Connexion bureau à distance** disponible dans le dossier **Accessoires/Communication**.

2. Dans la boîte de dialogue qui s'affiche, indiquez l'adresse IP de l'ordinateur distant et cliquez sur le bouton **Connexion**.

Adresse IP

Pour ouvrir une session à distance, vous devez connaître l'adresse IP, c'est-à-dire l'identifiant numérique d'une machine sur Internet, de l'ordinateur distant. Il existe de nombreux programmes capables de vous envoyer automatiquement, par email, cette adresse, composée de quatre chiffres, dès qu'elle change. De fait, les fournisseurs d'accès Internet modifient régulièrement l'adresse IP de leurs abonnés, ce qui peut poser des difficultés pour accéder à distance à vos fichiers. Nous vous conseillons, dans ces conditions, d'installer le programme Cascad'ADSL disponible gratuitement sur http://pulsarloge.free.fr/page%20c.htm.

3 Saisissez votre nom d'utilisateur et votre mot de passe pour ouvrir, en plein écran, le Bureau de l'ordinateur distant.

Vous pouvez utiliser toutes les fonctions de l'ordinateur à distance comme si vous étiez assis devant le clavier.

Nettoyez le menu Démarrage

Lorsque le système démarre, plusieurs programmes s'exécutent automatiquement et continuent de fonctionner en tâche de fond pendant toute la période d'utilisation de votre ordinateur. Par exemple, les antivirus ou les pilotes matériels sont conçus pour démarrer automatiquement lorsque vous allumez votre ordinateur. Toutefois, la plupart des problèmes de fonctionnement du système peuvent justement s'expliquer par l'exécution automatique de certains programmes qui, à la différence d'un antivirus ou d'un pilote matériel, ne s'avère pas toujours indispensable. Il faut savoir qu'après avoir effectué votre migration, vous retrouverez au démarrage tous ces programmes sous Windows Vista. Dans ces conditions, vous avez intérêt à les retirer avant la migration.

De plus, l'accumulation de ce type de programmes, qui fonctionnent continuellement en tâche de fond, peut contribuer à ralentir sérieusement votre système actuel, et le nouveau, voire générer des erreurs aléatoires du fait, par exemple, de l'existence de conflits avec d'autres programmes qui apparaîtront avec Windows Vista et s'exécuteront en parallèle. Dès lors, il convient de connaître exactement tous les programmes qui s'exécutent automatiquement au démarrage de votre système. Le cas échéant, il faudra les désinstaller pour alléger le démarrage de votre nouveau système après la migration par mise à jour de Windows XP. Procédez ainsi :

1. Cliquez sur le bouton du menu **Démarrer** de la Barre des tâches.

2. Sélectionnez **Tous les programmes** et le groupe de programmes **Démarrage**. Toutes les icônes disponibles sous ce groupe correspondent aux programmes qui démarrent automatiquement avec votre système.

3. Pour ne plus démarrer automatiquement un des programmes du groupe **Démarrage**, sélectionnez-le avec le bouton droit de la souris et activez la commande **Supprimer**.

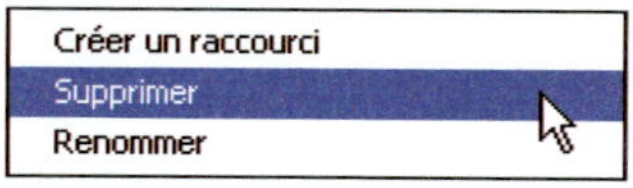

Raccourci programme

Lorsque vous supprimez l'icône d'un programme du groupe **Démarrage**, vous ne supprimez pas l'application correspondante de votre système. En fait, cette manipulation consiste seulement à retirer le raccourci qui permet de l'exécuter automatiquement lorsque vous démarrez votre système.

Allégez
le démarrage du système

La manipulation précédente pour soulager votre système démarrage ne s'avère pas toujours suffisante. De fait, tous les programmes qui démarrent automatiquement avec Windows ne sont pas présents dans le groupe de programmes **Démarrage**.

Pour connaître les autres applications qui peuvent ralentir Windows XP et, par la suite, Windows Vista, voire générer des dysfonctionnements, mieux vaut utiliser un outil plus complet : le module **Informations système**. Procédez ainsi :

1 Sélectionnez la commande **Tous les programmes/Accessoires/Outils système/Informations système** du menu **Démarrer** de la Barre des tâches de Windows.

2 Le module **Informations système** s'affiche. Cliquez sur la section *Environnement logiciel*.

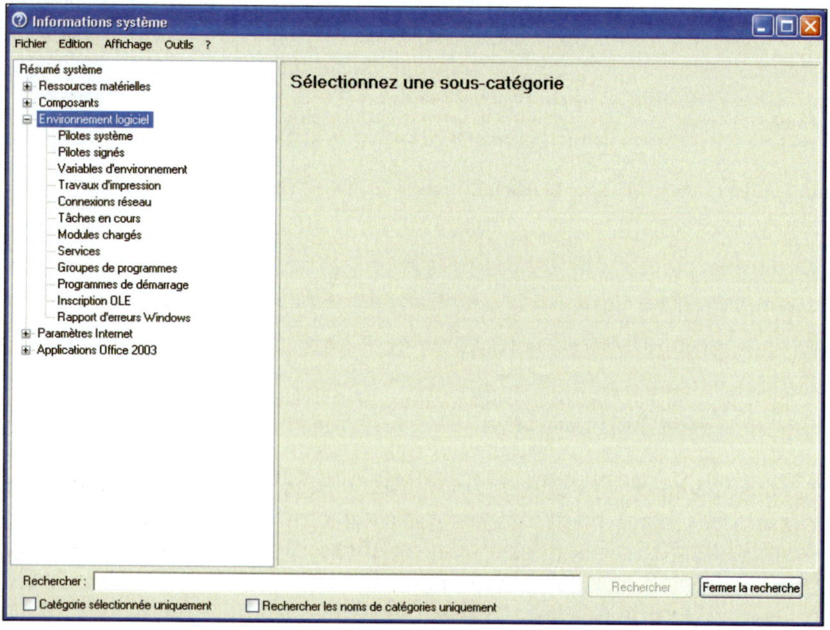

3 L'arborescence de la catégorie apparaît et propose plusieurs autres sections. Sélectionnez *Programmes de démarrage*. Tous les programmes qui s'exécutent automatiquement au démarrage du système s'afficheront immédiatement dans le cadre de droite.

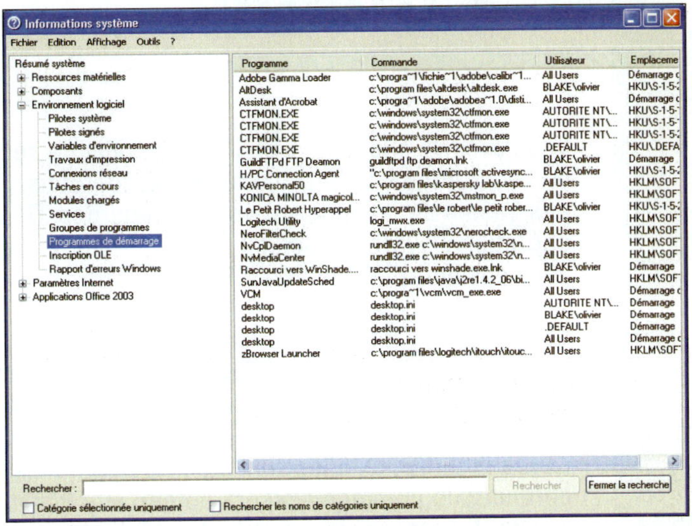

4 Plusieurs informations sont proposées à partir de quatre colonnes :

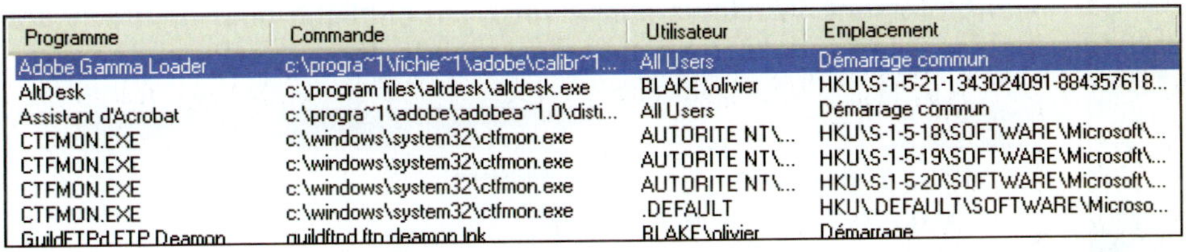

- *Programme* : le nom du programme ou, à défaut, l'intitulé du fichier exécutable correspondant.
- *Commande* : l'instruction qui permet de démarrer le programme. En général, elle correspond au chemin et au nom du fichier exécutable du programme.
- *Utilisateur* : le nom de l'utilisateur qui a la permission d'exécuter le programme.
- *Emplacement* : l'emplacement de l'instruction (ou du raccourci) qui permet d'exécuter le programme.

Concrètement, vous devez de cette façon repérer les programmes inutiles et qui sont susceptibles de ralentir votre système ou de générer des erreurs. Ensuite, il suffit de les désinstaller en passant par le Panneau de configuration et le module **Ajout/Suppression de programmes** que nous avons étudié précédemment (fiche 12).

Protégez vos fichiers

Vous avez vu à la fiche 6 qu'il est possible de sécuriser vos archives en les protégeant d'un mot de passe. Toutefois, vous n'avez peut-être pas besoin de compresser vos sauvegardes. Dans ce cas, cette opération s'avère inutile et il existe une autre technique plus rapide si vous possédez Windows XP Professionnel.

Votre système intègre une fonction de cryptage des fichiers qui fonctionnera par contre uniquement sur des disques partitionnés au format NTFS, format disponible avec Windows XP et utilisé par défaut avec Windows Vista. Ce dispositif de sécurité repose sur deux clés : privée et publique. Elles sont stockées sur le disque dur dans un certificat de cryptage qui sera obtenu automatiquement lorsque vous crypterez votre premier fichier. Ensuite, ce certificat sera toujours disponible et exploité lorsque vous ouvrirez une session Windows avec votre nom d'utilisateur et votre mot de passe.

Concrètement, Windows utilise votre clé publique pour chiffrer votre fichier et fait appel à votre clé privée pour le décrypter. Procédez ainsi :

1 Ouvrez l'Explorateur Windows et déplacez-vous dans le dossier qui contient le fichier à crypter. Cliquez, du bouton droit sur son intitulé. Sélectionnez, dans le menu contextuel qui s'affiche, la commande **Propriétés**.

2 Dans la boîte de dialogue qui s'affiche, cliquez sur le bouton **Avancé**.

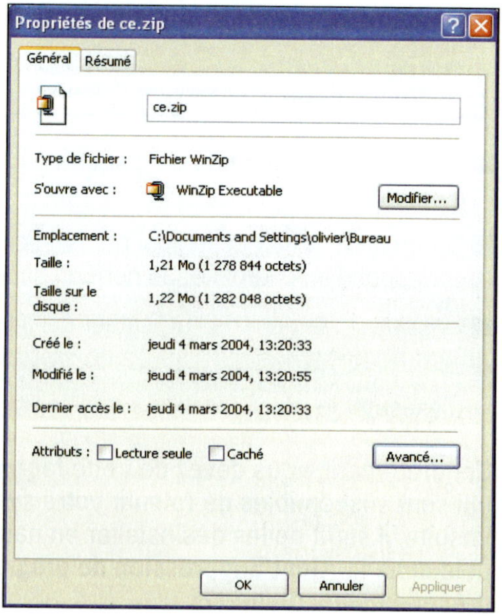

3 Dans la nouvelle boîte de dialogue qui apparaît, sélectionnez l'option *Crypter le contenu pour sécuriser les données*. Désormais, votre fichier est protégé et son décryptage s'effectuera automatiquement lorsque vous l'ouvrirez sous votre compte utilisateur. Mais il sera impossible de le faire pour tous les autres utilisateurs ou s'il est transmis à une autre personne, via Internet par exemple.

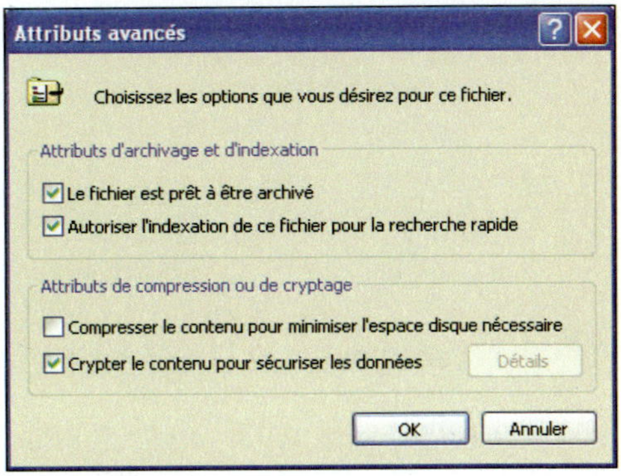

Pour ouvrir vos fichiers après la migration sous Windows Vista, il est nécessaire de posséder une copie de votre certificat de cryptage . Voici la procédure de sauvegarde du certificat :

1 Ouvrez le Panneau de configuration.

2 Double-cliquez sur l'icône *Options Internet*.

3 Sélectionnez l'onglet **Contenu**.

4 Cliquez sur le bouton **Certificats** et sur le bouton **Exporter** pour copier votre certificat sur le support d'enregistrement de votre choix.

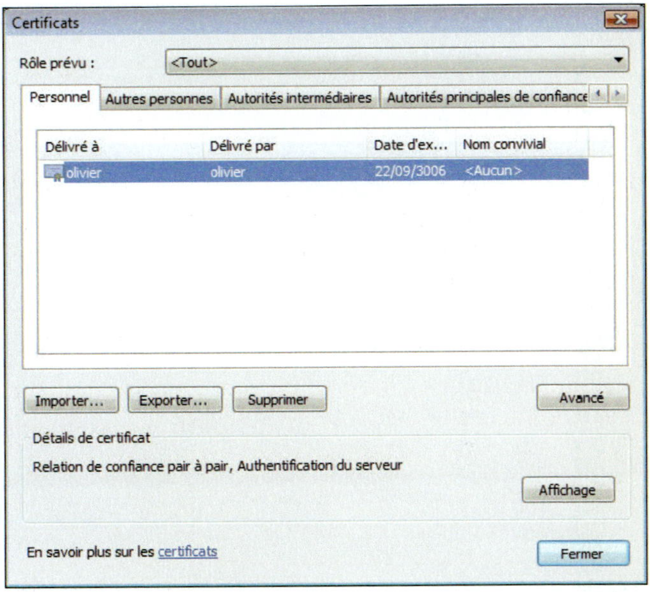

Vous disposez également d'un bouton **Importer**, présent lui aussi dans Internet Explorer 7 qui accompagne Windows Vista, pour ajouter ou restaurer d'autres certificats.

Index

A-B

C-D

E-F-G

I-J

L-M

Ac… d'imprimer par Corlet, Imprimeur, S.A. - 14110 Condé-sur-Noireau
N° … : 95963 - Dépôt légal : novembre 2006 Imprimé en France